Die Rolling Stones

Autorenkollektiv

Arno Böttger
Peter Lander
Norbert Molkenbur
Walter Zilka

Die

Typographische Gestaltung
Lothar Gabler

Fotographische Gestaltung
Günter Lüttig

Textübertragung
Jan Volkmann

Rolling Stones

Musik und Geschäft

Edition Peters
Leipzig / Dresden

ISBN 3-369-00021-0

2. Auflage

Lizenz-Nr. 415-330/A 18/87 · LSV 8384 · EP 10270
Lektor: Erwin Kohn
Redaktionsschluß: 1. 8. 1985
Printed in the German Democratic Republic
Gesamtherstellung: Offizin Andersen Nexö,
Graphischer Großbetrieb, Leipzig III/18/38
Bestell-Nr. 529 078 5
02950

Inhalt

7 Legende und Wirklichkeit
12 Der 12. Juli 1962
18 »Je mehr die Eltern Euch hassen, um so mehr werden Euch die Kinder lieben«
20 Der große Durchbruch (1963–1964)
24 Start nach Übersee – die erste USA-Tournee (1964)
26 Auf dem fünften Kontinent (1965)
28 I Can't Get No Satisfaction ...
35 John Lennon: »Alles, was wir bringen, kopieren die Stones vier Monate später« (1966)
40 Tourneearme Jahre (1967–1968)
49 Das schwarze Jahr 1969
59 Die brutalen Siebziger
64 Ein neuer Stone (1975)
74 Krise bei den Rolling Stones (1976–1978)
78 Die Stones feiern ihren 20. Gründungstag (1981)
82 Die Rolling Stones in der Gegenwart
85 In den Hitlisten
86 »Solange es mir Spaß macht!« – Interview mit Mick Jagger
91 Geschäfte – nicht nur mit Musik
94 In Film und Fernsehen
99 Die Rolling Stones über sich und andere über sie
102 Wirklichkeit und Legende
117 Original-Schallplattenproduktionen der Rolling Stones
121 Kompositionen von Rolling Stones
124 Alphabetisches Verzeichnis der im Buch enthaltenen Texte
125 Sachworterklärungen
130 Personenverzeichnis

Legende und Wirklichkeit

Endlich, nachdem die 300000 Zuschauer anderthalb Stunden gewartet hatten, erschienen sie auf der Bühne – die Rolling Stones. Es war ihre sechste Nordamerikatournee. Sie sollte den Begriff »schwarzes Jahr« für 1969 bestätigen: Es gab den ersten Toten bei einem Konzert.

Auf der Autorennbahn in Altamont (Kalifornien) wurde der achtzehnjährige Schwarze Meredith Hunter von den »Ordnern« erstochen. Er hätte mit einem Revolver hantiert, hieß es. Eine demokratische Bürgerinitiative, die das spektakuläre Stones-Konzert untersuchte, brachte die Wahrheit an den Tag. Als Ordner waren, wie übrigens öfter, von den Rolling Stones berüchtigte Rocker, die sich Hell's Angel (Engel der Hölle) nannten, angeheuert worden. Sie provozierten Auseinandersetzungen, nahmen Bagatellen zum Anlaß, brutal gegen das jugendliche Publikum vorzugehen.

Der junge Farbige war mit einer weißen Freundin zum Konzert gekommen. Das paßte den von Rassenwahn besessenen Angels nicht. Sie prügelten Hunter, warfen ihn zu Boden, traten ihn mit Füßen. Erst nach einem Messerstich in den Rücken zog der Junge einen Revolver ...

Die Angels tobten sich aus. Ein fanatischer nackter Mann, der auf die Bühne kletterte, wurde mißhandelt – man brach ihm mit Stiefeltritten den Kiefer. Ein ebenfalls nacktes Mädchen wurde wie ein lebloser Gegenstand von der Bühne geworfen.

Die Stones spielten weiter ... »I can't get no satisfaction« (Ich kann keine Befriedigung kriegen) dröhnte die Stimme Mick Jaggers aus den riesigen Lautsprechern.

Wer waren, oder genauer, wer sind sie, diese Rolling Stones? Neben den Beatles die bedeutendste englische Rockgruppe, vielleicht eine der wichtigsten Rockformationen überhaupt, sagen die einen, moralischer Abschaum, Ausdruck der Massen- und Unkultur andere. Dabei haben beide teilweise recht. Auffassungen, die absolut und einseitig enthusiastisch positiv oder verdammend negativ ausfallen, sind nicht geeignet, die Widersprüche, die in der Entwicklung der Rolling Stones vorhanden sind und durch ihre Einbindung in das kapitalistische Unterhaltungsgeschäft vorhanden sein müssen, deutlich zu machen.

Unbestritten muß zunächst anerkannt werden, daß auf dem Höhepunkt ihrer Karriere, etwa Mitte der sechziger Jahre, von der Gruppe eine Fülle an musikalischen Impulsen ausging, die sich als bleibender Bestandteil der Rockmusikentwicklung und -geschichte erwiesen.

Dazu gehört die den Stones eigene, dem Rhythm and Blues verpflichtete Stilauffassung, die in ihren bedeutendsten Titeln hervortritt und der die Musiker trotz Experimenten mit modernen Stilistiken treu blieben.

»Wir wollten Hits machen, egal was. Mir war klar, daß wir nicht bis in alle Ewigkeit alte Rhythm and Blues-Titel nachspielen

1 Jagger, Mick
2 Jones, Brian
3 Richards, Keith
4 Watts, Charlie
5 Wyman, Bill
6 Taylor, Mick
7 Wood, Ronnie

2
1
3
5

konnten, zumindest nicht auf den Singles«, beschrieb Mick Jagger in dem in diesem Buch wiedergegebenen Interview die Anfänge ihrer musikalischen Entwicklung.
Tatsache ist, daß zu einem bestimmten Zeitpunkt ihrer musikalischen Entwicklung eine Stagnation eintrat, weil die Band und ihre Autoren die einmal gefundenen stilistischen und weiteren musikalischen Mittel im wesentlichen reproduzierten und die erfolgversprechenden Muster wiederholten. Daß dies zum Teil mit größter technischer und spielerischer Perfektion, zu der sich eine entsprechende Routine gesellte, geschah, bleibt unbenommen.
Manche Legenden über die Gruppe stehen in engem Zusammenhang mit dem Image der Stones und ihrem Ruf, die härteste Rockband der Welt zu sein. Dieses so gewollte Rufbild stellte sich durch ihr Bühnenverhalten, dem sich das Alltagsverhalten bald angleichen sollte, ebenso her wie durch die zahlreichen Auseinandersetzungen mit der Polizei, die es zunächst bei den Konzerten, später auch im Privatleben der Musiker gab.
Dazu gehört der Rauschmittelkonsum der Musiker, dem schließlich sogar ein Gruppenmitglied zum Opfer fiel, ebenso, wie die im Auftreten ausgestrahlte Aggressivität und der betonte Gegensatz zu den Verhaltensanforderungen der älteren Generation.
Natürlich spielten einige der wichtigsten Hits der Gruppe für das Prädikat »härteste« Band die entscheidende Rolle, für die Medien jedoch war manche Randerscheinung wichtiger.
The show must go on – Die Show muß weitergehen! – Ein in der Branche beliebter Spruch.
Die Rolling Stones waren in den sechziger Jahren Leitbild für einen nicht geringen Teil der Jugend in den kapitalistischen Ländern, kanalisierten die Unzufriedenheit mit den gesellschaftlichen Verhältnissen und den im Alltag bestehenden Problemen, denen sich die jungen Menschen gegenübersahen, in eine bestimmte Bahn. Daß sich die Spannungen dann vor allem in ihren Konzerten entluden und weniger in der Wirklichkeit gelöst wurden, ist die zweite Seite der Medaille.
Als Identifikationsfiguren der Teenies waren die Stones bzw. einige Mitglieder der Gruppe gelegentlich einsetzbar, da sie sich aktuellen politischen Fragen zuwandten, so den Studentenunruhen der sechziger Jahre oder dem Kampf für die Beendigung der US-amerikanischen Aggression gegen das vietnamesische Volk.
»Denn der Sommer ist da und die Zeit ist reif für die Straßenkämpfe, oh Junge / Aber was kann ein armer Junge tun / Außer in einer Rock'n'Roll-Band zu singen / Denn in der schlafenden Stadt London / Ist kein Platz für Straßenkämpfer!«, heißt es in dem Song »Street Fighting Man« (Straßenkämpfer), der oftmals als die Aufforderung der Rolling Stones zur Teilnahme an revolutionären Aktionen aufgefaßt bzw. interpretiert wurde.
Andere Legenden wurden durch die Medien der Unterhaltungsindustrie, vor allem durch die Regenbogenpresse, in Zusammenhang mit dem hohen Einkommen gebildet, über das die Mitglieder der Band verfügten und das dem von den Meinungsbildnern sorgsam gehüteten Klischee des gesellschaftlichen Aufstiegs – vom Tellerwäscher zum Millionär, vom armen Musiker einer Kellerband zum Superstar – entspricht.
Der Reichtum und der damit verbundene Umgang mit den Angehörigen der herrschenden Klasse, mit Luxusfrauen und Millionärssöhnen, konnte nicht ohne Auswirkung auf Themen und Inhalte der Musik der Rolling Stones bleiben.
»Man kann auf die Dauer nicht mit Ärschen umgehen, ohne selbst ein Arsch zu werden«, soll ein prominenter Rockmusiker diese Erscheinung kommentiert haben, ohne die sozialen Ursachen dafür anzusprechen.
Es wird wohl nie möglich sein, bei der Einschätzung der Haltungen oder Verhaltensweisen von Popstars der westlichen Welt, wie den Rolling Stones, bis zur letzten Erkenntnis zu gelangen, wirklich zu wissen, ob politisches Engagement ehrlicher Überzeugung entspringt oder nur wegen seiner geschäftsfördernden Wirkung vorgeführt wird.

Vielleicht ist eine solche Gegenüberstellung auch abstrakter Natur, da sie von den realen Verhältnissen der kapitalistischen Länder absieht und außer acht lassen muß, daß selbst das ehrliche Engagement des Künstlers durchaus geeignet sein kann, unter bestimmten Voraussetzungen für oder durch die Konzerne der Unterhaltungsindustrie vermarktbar zu sein.

Ein Beispiel mag hier für viele andere stehen, eine Aktion, an deren Durchführung der Rolling Stone Mick Jagger keinen unbedeutenden Anteil hatte: Mammutshow, Rockmarathon, größtes Rockkonzert aller Zeiten, längste Fernsehshow und andere Vokabeln füllten nach dem 13. Juli 1985 die Spalten westlicher Zeitungen und Zeitschriften. Und mit der Zahl von zwei Milliarden Zuschauern an den Bildschirmen, ermöglicht durch die Satellitentechnik, konnte anschließend operiert werden.

Eine programmatische Idee stand für das Unternehmen, das von mehr als hundert Rockstars und zahlreichen Gruppen sowohl im Londoner Wembley-Stadion als auch im John-F.-Kennedy-Stadion von Philadelphia (USA) durchgeführt wurde: Bob Geldorf, Fabrikarbeiter aus Dublin und inzwischen beachteter englischer Musikpublizist und Chef der Rockgruppe »Boomtown Rats« hatte die Idee für die Rocknacht aller Zeiten, deren finanzielles Ergebnis für den Kampf gegen den Hunger in Afrika Verwendung finden sollte. Zweihundert Millionen Mark soll die Show eingebracht haben, an der beispielsweise Paul McCartney, »The Who«, Lionell Ritchie, Eric Clapton, Phill Collins und Bob Dylan, Harry Belafonte sowie Stone Mick Jagger mitwirkten.

Aber es waren auch die Schattenseiten des Geschäfts deutlich sichtbar geworden: Bis zuletzt gab es zwischen den Fernsehstationen rechtliche Streitigkeiten, da beispielsweise die Amerikaner forderten, die Sponsoren, unter anderen Pepsi Cola, zu nennen. Oder es wurden – wie der bekannte nordamerikanische Kolumnist David Hinckley öffentlich anprangerte – außer Tina Turner, Stevie Wonder und Bill Ocean nur wenige farbige Künstler zur Teilnahme aufgerufen, obwohl gerade sie stets in vorderster Reihe standen, wenn es galt, Solidarität zu üben.

Die Leistungen der Künstler, die auf jegliches Honorar verzichteten, werden dadurch nicht geschmälert, nur: dem Geschäft mit ihrer Musik konnten sie sich nicht entziehen.

Aber zurück zu den Rolling Stones.

In diesem Buch soll der Versuch unternommen werden, die Geschichte der Rolling Stones nachzuzeichnen, die Geschichte einer Rockband, die gerade auch durch die Tatsache, daß ihre Entwicklung teilweise in Extremen verlief, ein exemplarisches Bild eines bestimmten Abschnitts der Rockmusikgeschichte vermittelt.

Der 12. Juli 1962

Die Jahrzehntwende von den rock'n'rollenden 50er zu den beatenden 60er Jahren brachte nicht nur weltweit einen neuen Stil in der Unterhaltungsmusik, sondern eine Unmenge Gruppen hervor, von denen sich viele als Eintagsfliegen erwiesen. Andere konnten sich mehr oder weniger kontinuierlich über mehrere Jahre hindurch entwickeln.

Zwei Gruppen allerdings sollten in die zeitgenössische Musikgeschichte eingehen: Die Beatles und die Rolling Stones. An der Stilistik dieser Bands schieden sich die Geister ihrer Fans.

Daß sich der Geschmack des jugendlichen Publikums für diese oder jene Musizierweise entscheidet, ist wohl etwas Selbstverständliches. Daß sich jedoch die Fans wahre Schlachten untereinander bieten, um entweder die anderen von der Wahrhaftigkeit der eigenen Musikauffassung zu überzeugen oder einfach um zu provozieren – das haben sie von ihren musikalischen Vorbildern gelernt. Und zu diesen gehörten nicht zuletzt die Rolling Stones, die Band, die sich mit mehr oder weniger fairen Methoden bis zu jenem 12. Juli 1962, ihrem Gründungstag, formierte.

Wo waren sie hergekommen, die Stones? Mick Jagger (geboren am 26. Juli 1943) und Keith Richard (geboren am 18. Dezember 1943) kannten sich von klein an, sie gingen gemeinsam in den Kindergarten der Maypole County Primary School.

Mick Jagger (amtlicher Vorname: Michael Phillip) war Sohn des Gymnastiklehrers Joseph Jagger und dessen als Kind aus Australien eingewanderter Ehefrau Eva Soutts.

Er erhielt eine sorgenfreie Erziehung im gutbürgerlichen Elternhaus und im Altsprachgymnasium seiner Heimatstadt Dartford (Kent), einer Schule, die ganz von der Etikette geprägt war. Schon als Schuljunge fiel er vielen Lehrern wegen seines provokatorischen Auftretens negativ auf. Vor allem verstieß Mick ständig gegen die Kleidungsvorschriften der Schule.

Als Mitte der fünfziger Jahre in England die Rock'n'Roll-Welle eines Bill Haley und Elvis Presley die heranwachsende Generation in ihren Bann riß, wunderten sich Jaggers Schulkameraden ebenso wie seine Eltern, daß er dafür wenig Interesse hatte. Micks Interesse galt der »Chris Barber Jazz Band«, lateinamerikanischer und spanischer Musik und vor allem den zahlreichen Skiffle-Gruppen, der Gitarre, dem Waschbrett, dem Banjo. Er besaß als Zehnjähriger eine Gitarre und übte darauf Blues um Blues.

Es gehört zu den Zufällen der Popmusikgeschichte, daß Mick Jagger 1958 eines der letzten Konzerte von Buddy Holly, dem legendären Rhythm and Blues-Gitarristen, in Woolich miterleben konnte. »Not Fade Away«, ein Titel des Blues-Interpreten Bo Diddley wirkte auf Mick ganz enorm. Er hatte den »echten« Blues entdeckt!

Jede Gelegenheit, ihm näherzukommen, nutzte er: Platteneinkäufe in London, Filmbesuche, vor allem Dokumentarfilme über die amerikanische Jazz-Szene.
Micks Vater, der an einer Sportsendung im Fernsehen mitwirkte, nahm seinen Sohn öfter mit ins Studio; auch dabei konnte er Informationen sammeln.
»Little Boy Blue And the Blue Boys« war die erste Gruppe, in der Mick sang.
Jaggers Schulzeit ging zu Ende. Seine Ergebnisse waren mehr oder weniger gut. Beruflich liebäugelte er mit dem Journalismus, dann wollte er Discjockey werden; zunächst ging er ab 1961 nach London auf die School of Economics.

Der ebenfalls in Dartford (Kent) geborene Keith Richard (amtlicher Name Richards; Keith strich das »s« wegen Differenzen mit seinem Vater) entstammte ärmlichen Verhältnissen; sein Vater war Vorarbeiter in den Osram-Glühlampenwerken in Hammersmith. Alles nahm seinen geregelten Tagesablauf. Das von Mutter Doris im Jungen geweckte Musikinteresse fand beim Vater wenig Gegenliebe. Doch irgendwie schien es in der Familie zu liegen: Mutters Vater, Gus Dupree, leitete seit den dreißiger Jahren eine Tanzkapelle. Anfang der sechziger Jahre hatte Großvater Gus noch einmal seine Zeit. Er zog mit einer Country-Truppe von Stützpunkt zu Stützpunkt der US-Army in Großbritannien.
Danach arbeitete er als Hausmeister der High Gate School, in der Yehudi Menuhins Sohn Schüler war. Menuhin gilt als einer der bedeutendsten Geiger der Gegenwart. Bereits als Kind trat er auf und wurde durch Konzertreisen in der ganzen Welt berühmt. Begeistert erinnerte sich Keith an eine Schulveranstaltung, bei der der legendäre Yehudi Menuhin und sein Großvater zusammen Geige spielten.
Dank seiner schönen Stimme wurde Keith Chorsänger in der Westminsterabbey.
Die Mutter, die halbtags in einer Bäckerei etwas dazuverdiente, verwöhnte ihren Sohn. Von ihrem Lohn in der Bäckerei kaufte sie ihm eine Gitarre. Ein Plattenspieler folgte. Der Dank bestand in permanenter Schulbummelei des Dreizehnjährigen.
Die Familie Jagger war froh, als Familie Richards aus der Nachbarschaft in Dartford wegzog und die Kindergartenfreundschaft unterbrochen wurde. Sie konnte nicht wissen, daß dies nur für kurze Zeit sein sollte.
Keiths musikalisches Vorbild war – nach dem Großvater, versteht sich – Scoth Morre, der Gitarrist der Elvis-Presley-Begleit-Band. Keith Richard versuchte, nachdem er wegen Schulbummelei von der Dartford Technical School exmatrikuliert worden war, einen zweiten Anlauf an der Sidcoup Art School.
Mick Jagger drückte mehr oder weniger regelmäßig die Bänke der Londoner School of Economics.
Auf der Zugfahrt nach London trafen sich Mick und Keith wieder. Man erinnerte sich an die gemeinsame Kindheit, stellte gleiche Interessen fest und besann sich eines gemeinsamen Bekannten – Dick Taylor, Schlagzeuger aus Jaggers Schulgruppe.
Da beide Rhythm and Blues-Fanatiker waren, wie es sich für 1961 gehörte, fanden sie schnell musikalisch zusammen: Keith Richard trat der Formation »Little Boy Blue And The Blue Boys« bei, in der Mick Jagger spielte.
Hier liegt auch die Begründung für das später beschriebene Jubiläumskonzert der Rolling Stones anläßlich ihres 20. Jahrestages 1981 in Philadelphia. Obwohl die Stones stets den 12. Juli 1962 als den eigentlichen Gründungstag betrachteten, erklärte Mick Jagger vor einigen Jahren einfach den Tag im Jahre 1961 zum Gründungstag, an dem ein weiterer Stone zu ihnen in die Jugendband stieß.
Rhythm and Blues – das ist der Musizierstil, der in den vierziger Nachkriegsjahren nach Europa herübergetragen wurde. Die folkloristischen Quellen des Blues wurden mit Glanz, Show-Elementen, farbiger Kleidung, etwas Erotik und Romantik gemixt; all' das sollte den Zuhörer über Schwierigkeiten des täglichen Lebens hinwegsehen lassen.

Nun spielten sie also – die »Vor-Stones«. Doch so recht zum Zuge kamen die Little Boys nicht.

THE BEATLES

Am Rande: In der Zeit, als an der von Mick Jagger besuchten London School of Economics die Ideen verschiedener Anti-Bürgertum-Konzeptionen auf ihre Weise Interessen der Arbeiterklasse zu vertreten glaubten, schloß sich Jagger demonstrativ diesen revoluzzerischen Aktivitäten an: Er benannte seinen Vornamen um. Nicht mehr den bürgerlich klingenden Michael oder ›Mike‹ wollte er haben, wie er bisher gerufen wurde, sondern den modeproletarischen ›Mick‹.

Eine andere Linie in Richtung auf die Stones zeichnete sich im englischen Cheltenham ab. Brian Lewis Hopkin Jones (geboren am 28. Februar 1942) hielt sich dort mit zweitrangigen Jazzkonzerten über Wasser.

Er war Sohn eines Flugzeugingenieurs und einer Klavierlehrerin und galt als musikalisch begabt. Trotzdem sollte er sich den alten Sprachen zuwenden. Da er auf dem Gymnasium mit guten Noten bestach, konnten ihm die Eltern das Jazzen im Schulorchester nicht verbieten.

Als jedoch eine vierzehnjährige Mitschülerin von ihm schwanger wurde, wurde er von der Schule hinausgeworfen. Er arbeitete als Kohlenträger, Busschaffner und in anderen Jobs. Da er erneut Vater wurde, war es anscheinend besser, die Heimatstadt zu verlassen. Nachdem die »Chris Barber Jazz Band« in Cheltenham gastierte, verspürte Brian Jones einen gewissen musikalischen Ehrgeiz. Er ging als Gitarrist nach Skandinavien, kam nach Cheltenham in die »Ramrods Rockband« zurück, um dann gemeinsam mit Pat Andrews, der Mutter seines zweiten Kindes (insgesamt sechs uneheliche Kinder von sechs verschiedenen Frauen hatte ihm die Verachtung der Familie eingebracht), nach London zu gehen. Hier bekam er hin und wieder die Möglichkeit, in der »Alexis Korner's Blues Incorporated« mit seiner Blues-Harmonika zu spielen.

In dieser Truppe traf er mit den späteren Stones Mick Jagger (Gesang) und Charlie Watts (Schlagzeug) zusammen. Brian Jones wollte groß hinaus. Er annoncierte in der Zeitschrift »Jazz News« und suchte Verbündete. Ein Ian Stewart meldete sich; späteres Gründungsmitglied der Rolling Stones, ihr langjähriger persönlicher Berater, gelegentlich auch Pianist bei Stones-Auftritten.

Die Sonnabendabende sahen im Ealing Blues Club London zahlreiche Musikanten zu den traditionellen Sessions. An einem dieser Abende trafen sie zusammen: Die Blue Boys mit Keith Richard und Mick Jagger sowie Brian Jones, der während dieser Zeit auch unter dem Pseudonym Elmo Lewis auftrat, wodurch es in der Presse mehrfach zu Irrtümern über das erste Zusammentreffen der Stones kam. Man begann – zunächst in der Zusammensetzung Mick Jagger / Brian Jones / Geoff Bradford / Ian Stewart – zu produzieren. Jagger ging in der Musikerzusammenstellung rücksichtslos vor. Er holte sich Keith Richard und den Gitarristen Dick Taylor von den Blue Boys und vertrieb brutal – weil in seine stilistische Auffassung nicht problemlos einzuordnen – den Gitarristen Geoff Bradford.

Mick Jagger sollte zum Spiritus rector der sich am Horizont abzeichnenden Truppe werden. Einmal wöchentlich spielte er mit der Korner-Blues-Band im Marquee Club London, daneben gab es einige Tourneeveranstaltungen; zweimal in der Woche Probe mit der gesamten Besetzung in Vorbereitung für die Stones-Gründung. In Ian Stewart fand er einen Partner für die Organisation. Es wurden erste Probeaufnahmen gemacht, damals in einer technischen Qualität, derer sich heute jede gute Amateurband schämen würde. Dem Stehvermögen von Jagger und Stewart ist es zu verdanken, daß die Truppe ohne Geld und Engagement zusammenhielt.

Aus nie ganz klar gewordenen Gründen gelang es Jagger, Tony Chapman, einen erfolgreichen Schlagzeuger, für die Band zu gewinnen. Gemeinsam bestritten sie – nunmehr schon unter der Firmierung »The Rolling Stones« – zwei, drei Konzerte in Londoner Vororten. Dann sollte das offizielle Gründungskonzert kommen. Der Zufall hatte dabei seine Hand im Spiel. Jeweils donnerstags lud BBC für seinen live gesendeten Jazz-Club eine bekannte Truppe ein. Für den 12. Juli 1962 war die Alexis-Korner-Band »Blues Incorporated« vorgesehen.

Aus Sparsamkeit des Londoner Senders – so die offizielle Version – wollte man sich einen Sänger nicht leisten. Ergo blieb Jagger bei dieser Sendung draußen. Hinter vorgehaltener Hand allerdings war zu hören, daß die Musiker der Band Jaggers nebenberufliche Ambitionen mit der neuen Gruppe und seine Praktiken in der Musikergewinnung mit Argwohn betrachteten.

Aus der Not machte Jagger eine Tugend.

An eben diesem 12. Juli 1962 war eine Ersatzgruppe für die Rhythm and Blues-Session im Marquee Club für die rundfunkverpflichtete »Blues Incorporated« nötig. Jagger und seine Mannen sprangen ein. Damit war an diesem 12. Juli 1962 für die Öffentlichkeit eine neue Gruppe geboren – »The Rolling Stones«, benannt nach einem Blues von Muddy Waters.

Nun folgten die Konzerte am laufenden Band. Rhythm and Blues war großgeschrieben. Die Truppe nutzte den Modetrend nach dieser Musik. Gegenüber Bands, die sich nur zögernd mit dem neuen Musikstil anfreunden konnten, ging man publizistisch brutal vor. Man baute sich propagandistisch geschickt als die Größten auf. Jagger versuchte daneben beharrlich, Charlie Watts (geboren am 2. Juni 1941) zum Eintritt in die Gruppe zu gewinnen. Dieser – früher bei Korner musizierend – war inzwischen aus finanziellen Gründen in die Werbebranche abgewandert.

Als Sohn eines Lastkraftwagenfahrers war es für Charlie Watts nicht leicht, das notwendige Geld für seine musikalische Ausbildung zu erlangen. Dank seiner Strebsamkeit macht er sich jedoch rasch einen guten Namen unter den Musikanten.

Als er – wir schreiben inzwischen Anfang 1963 – die Stones-Zukunft ahnt, ersetzt er am Schlagzeug den Kurzzeit-Stone Tony Chapmann. Dick Taylor – nicht zu verwechseln mit dem späteren Stone Mick Taylor – wurde am Baß von Bill Wyman (geboren am 24. Oktober 1936 in Penge) abgelöst.

Dieser hieß eigentlich William Perks. Sein Vater, ein ehrwürdiger Maurer, erzog den Jungen fromm und gutbürgerlich. Während seiner Armeezeit, die er in einer in der BRD stationierten Luftwaffeneinheit absolvierte, wurde er zum Rockfan. Nach der Entlassung vom Militär arbeitete er kurze Zeit als Lagerverwalter in einer Maschinenfabrik. Über einige Amateurgruppen (inzwischen war aus Perks Wyman geworden) stieß er dann zu den Rolling Stones.

»Je mehr die Eltern Euch hassen, .. umso mehr werden Euch die Kinder lieben«

Und das war sie dann, die erste Stones-Stammbesetzung: Charlie Watts (Schlagzeug), Keith Richard und Brian Jones (Gitarre), Ian Stewart (Piano), Bill Wyman (Baß) und Mick Jagger (Gesang). In dieser Besetzung wurden die ersten Platten produziert.

Ein Teil des Londoner Showbusiness wurde in dieser Zeit von dem geschäftstüchtigen Giorgio Gomelsky geprägt. Im Richmonder Swing-Club »The Crawdaddy« veranstaltete er wahre Rhythm and Blues-Festivals. Fans kamen aus allen Gegenden angereist; unter diesen Leuten auch ein Teenager namens Ronnie Wood (geboren am 1. Juni 1947).

Er sollte später Neu-Stone werden.

Jener Gomelsky also, der übrigens auch anderswo in Sachen Show-Geschäft agierte (die italienischen Jazzer sehen in ihm den Organisator des ersten nationalen Jazzfestivals), fühlte sich als Berater der Stones. Sicher ahnte er das Geschäft voraus.

London pilgerte nach Richmond in seinen Crawdaddy-Club, man swingte sich durchs Leben – Rhythm and Blues war plötzlich in. Dschungelmusik nannte man den neuen Stil. Der bekannte englische Journalist Norman Joplin schrieb im Frühjahr 1963 in der Zeitschrift »Record Mirror«, daß man von den Stones noch hören würde und daß sie einmal die größte Gruppe innerhalb der Rhythm and Blues-Szene sein würden. Der Artikel in der Aprilausgabe der Fachzeitschrift brachte noch vollere Kassen.

Doch im Erfolg liegt die Tragik des kapitalistischen Showgeschäftes. Am letzten Aprilsonntag des Jahres 1963 befanden sich der junge Manager Andrew Loog Oldham, der schon einmal für die Beatles als Pressemacher gearbeitet hatte, und sein Chef, der Showbusiness-Agent Eric Easton unter den Gästen im Crawdaddy. Sie hatten ob des sich fast hysterisch gebenden jugendlichen Publikums den richtigen Riecher – Rolling Stones ließen sich vermarkten. Noch am Abend wurde ein Exklusiv-Schallplattenvertrag unterschrieben. Bedingungen: Trennung von Ian Stewart und Kündigung bei Gomelsky. Um ins Geschäft zu kommen, ließen die übrigbleibenden fünf Stones zwei gute Freunde fallen.

Gomelskys Traum vom großen Geschäft war ausgeträumt.

Ian Stewart erhielt noch ein Gnadenbrot: Er durfte die nächsten Platten mitproduzieren. Doch auf die Bühne kamen nur noch Charlie Watts, Bill Wyman, Mick Jagger, Keith Richard und Brian Jones. Ihre Vermarktung lief auf vollen Touren.

Im Olympic-Studio wurde die erste Single, »Come On« / »I Wanna Be Loved«, aufgenommen. Die Stones-Besetzung für lange Jahre war perfekt.

Am 7. Juni 1963 hatte »Come On« Schallplattenpremiere. Und ein Fernsehdebüt in der damals beliebtesten englischen TV-Show »Thank You Lucky Stars« sorgte für landesweite Publicity. Nach der Fernsehshow hagelte es beim Studio nur so Zuschauerpost. Die langen Haare und das lümmelhafte Agieren der Stones im Studio riefen den Zorn der gutsituierten englischen Bürger auf den Plan. Doch Manager Andrew Loog Oldham hielt an seiner Konzeption fest. Aus den Stones wollte er das Gegenteil der netten sauber gewaschenen Beatles machen. Sein Ausspruch gegenüber den Stones – »Je mehr die Eltern Euch hassen, um so mehr werden Euch die Kinder lieben« – sollte sich bewahrheiten. Der erste Erfolg war geschafft.

Der große Durchbruch (1963–1964)

Man schrieb das Jahr 1963.
Waren es im Startjahr vor allem internationale Titel, die die Stones sangen, so suchten sie jetzt eigene Wege zu gehen. Nach der ersten Decca-Platte mit »Come On« und »I Wanna Be Loved« gab's sogleich Schallplattenpech: Die Decca »Poison Ivy« wird aus unerklärlichen Gründen nicht ausgeliefert. Ob der Modesound vielleicht noch nicht erfolgversprechend genug getroffen war? Das könnte der Grund gewesen sein. Kurz danach setzte Decca den Produzenten M. Barclay für die Stones als Chefproduzenten ein.
Im Konzertgeschäft waren die Stones etabliert: Auftritte im »Ken Colyer Jazz Club«, im Marquee, Nachtgalas in großen Hotels, dann der 11. August 1963: Neben Chris Barber's Jazz Band, der »Alex Welsh Band«, den All Stars, der »Acker Bilk's Paramount Jazz Band« und der »Humphrey Rittelton Band« Auftritt beim 3. Nationalen Jazz-Festival. Vier Wochen später schließt sich eine Englandtournee, zusammen mit anderen Interpreten, an. Sechzig ausverkaufte Konzerte an dreißig Tagen. Die Kassen stimmen bei den Veranstaltern wie bei den Stones.
Für Publicity wird zusätzlich gesorgt. Ein Auftritt zu einem Wohltätigkeitskonzert am 4. Mai 1963 von »News of the World« macht Schlagzeilen.
Noch zwei Platten sollten das Erfolgsjahr 1963 beenden: »Thank You Lucky Stars Volume Two« und eine Singleproduktion mit »I Wanna Be Your Man« von Lennon und McCartney und »Stoned« von Nanker/Phelge. Daß die beiden damals bereits berühmten Beatles als Autoren diesen Hit den Stones überließen, war ein Beweisstück des Organisationstalents von Oldham, der beide Beatles einfach ins Studio zu den Stones schleppte und das beiderseitig interessante Geschäft perfekt machte. Der Autorenname der zwei Beatles war seinerzeit die Garantie für einen Renner. Hinter Nanker/Phelge verbarg sich ein Pseudonym für Gruppenkompositionen der Stones (Nanker – Augenlider herunterziehen / Nasenspitze hochdrücken; Phelge – Name eines Freundes der Stones).
Gleich zu Jahresbeginn 1964 ging es auf die erste eigene Englandtournee. Überall ausverkaufte Häuser, erwartungsvolle Jugendliche. Auch wenn die Stones sich in den verschiedenen nationalen und internationalen Hitlisten noch auf mittleren Plätzen bewegten, wurde die Gruppe von Tag zu Tag bekannter.

THE ROLLING STONES
DON ARDEN ENTERPRISES LTD. present
THE FABULOUS
EVERLY BROTHERS
BO DIDDLEY
with
'THE DUCHESS' & JEROME
THE ROLLING STONES
MICKIE MOST
JULIE GRANT
Compere: BOB BAIN
THE FLINTSTONES
QUINTS
Noch mit Jan Stewart
'Monkers'

Man wußte während dieser ersten Landestournee das Publikum richtig für sich einzunehmen. Vor allem Leadsänger Mick Jagger verstand bestens, die Stimmung anzuheizen. Mit einer tonlich eigenwilligen Blasharmonika setzte er auf die drei im Hintergrund bleibenden Gitarrenbegleitungen und auf das hart durchdringende Schlagzeug eine beißend-klare Melodie. Emotionen wurden aufgeputscht. Dann setzten »Roll Over Beethoven« und »I Wanna Be Your Man« stürmische Schlußpunkte.

Während der Tournee erschien eine Stones-Platte mit vier Titeln. Auf dieser Platte ist einer der meistgespielten Beatles-Titel – »Money«. Der musikalische Konkurrenzkampf zwischen beiden Gruppen war entbrannt. Das Plattenpublikum akzeptierte die Neuen. 200000 verkaufte Platten sprachen für sich. Und was noch keine Gruppe fertiggebracht hatte – in diesem Tourneemonat Januar erschienen noch weitere zwei Platten mit Stones-Produktionen: »Ready, Steady, Go!« und »Saturday Club«. Die erste dieser Platten erfreute sich über eine Viertelmillion verkaufter Exemplare; waren doch die Stones in der gleichnamigen Live-Fernseh-Rockshow gern gesehene Gäste.

Während der zweiten Englandtournee (Februar/März) schrieb der Londoner »Daily Express« in seiner Ausgabe vom 28. Februar 1964, die Beatles seien die Idole aller Altersgruppen, die Rolling Stones aber das Sprachrohr der Teenies geworden.

In Vorbereitung auf die erste Auslandsverpflichtung, die Teilnahme am Internationalen Fernseh-Festival Montreux (20.–21. April 1964) wurde für die Stones eine stabsmäßig organisierte Pressekampagne gestartet. Steckbriefe vermitteln den Fans alles »Wissenswerte« über ihre Idole.

Aus dem Steckbrief von Mick Jagger erfährt man, daß er die Beatles achtet, Wodka und Orangensaft trinkt und Fotografieren sein Hobby ist.

Brian Jones' Liebe in Sachen Musik gilt dem schwarzen Blues, seine Lieblingsfarben sind braun und grün; besonders gern ißt er Steaks. Keith Richard liebt ebenfalls Wodka, Charlie Watts hingegen nur Tee. Seine musikalischen Vorbilder sind Cole Porter, Duke Ellington, McCartney.

Natürlich fehlt auch der Bill-Wyman-Steckbrief nicht: Milch ist sein Lieblingsgetränk, blau die Lieblingsfarbe. Er verehrt Marlon Brando und Cole Porter.

Nun, in Sachen Show gehört das wohl alles dazu.

Peinlich dagegen schon eher dies: Um besonders »jugendgemäß« zu sein, werden Mick Jagger, Charlie Watts und Keith Richard einfach ein, Brian Jones zwei und Bill Wyman sogar fünf (!) Jahre jünger gemacht. Das ist man den Fans schuldig.

Als die fünf im Killer-Look zu einem Ball im Empire Pool auftraten, heizte sich die Stimmung derart auf, daß sich zwischen 8000 Stones-Fans, Rockern und der Polizei eine Schlägerei entwickelte. Es gab die ersten Verhaftungen bei Stoneskrawallen. Sie sollten bald auf der Tagesordnung sein.

Noch einmal standen im April/Mai 1964 die beiden späteren Weltgruppen in trauter Eintracht nebeneinander. Am 26. April produzierten die Rolling Stones und die Beatles eine Show des »Musical Express« im Empire Pool in Wembley. Anfang Mai wurde die Show gesendet.

Der 26. April 1964 wird von den Stones-Anhängern als ein »klassischer Tag« bezeichnet. An diesem Tag wird auf einer Schallplattenpremiere die Decca-LP »The Rolling Stones« vorgestellt. Viele Musikpublizisten bezeichnen diese LP als das Beste, was die Stones jemals produziert haben. Oldham und Easton selbst zeichneten für die Produktion verantwortlich.

12 Songs enthält die Platte: »Route 66« (Troup), »I Just Want To Make Love To You« (Dixon), »Honest I Do« (Reed), »I Need You Baby« [Mona] (Mc Daniels), »Now I've Got A Witness« [Like Uncle Phil And Uncle Gene] (Phelge), »Little By Little« (Phelge/Spector), »I'm A King Bee« (Moore), »Carol« (Berry), »Tell Me« [You're Coming Back] (Jagger/Richard), »Can I Get A Witness« (Hooland/Dozier), »You Can Make It If You Try« (Jarret), »Walking The Dog« (Thomas).

Sicher, die Aufnahmetechnik von 1964 ist nicht mit der von heute zu vergleichen. Und dennoch, ausdrucksstarke Interpretationen

Little By Little

Tried to trail you last night, baby, trail you in my car
But I was afraid of what I was lookin' for
And little by little I'm losin' my love for you
Yeah, little by little I've found out you're not true

I try not to bear a grudge a girl gotta hitch a ride
Things ain't been the same since my mother died
Yeah, little by little I'm losing my love for you
Yeah, little by little I've found out your're not true

Nach und nach

Versuchte, dich letzte Nacht aufzuspüren, Baby, fuhr in meinem Wagen
Aber ich fürchtete mich vor dem, was ich suchte
Und nach und nach geht meine Liebe zu dir kaputt
Yeah, nach und nach merke ich, daß du nicht treu bist.

Ich versuche, nichts nachzutragen, ein Mädchen muß sehen wo es bleibt
Die Dinge sind sowieso nicht mehr dieselben, seit meine Mutter starb
Yeah, nach und nach geht meine Liebe zu dir kaputt
Yeah, nach und nach merke ich, daß du nicht treu bist

beweisen das musikalische Können der Gruppe: Expressiv »Route 66«, voller Dynamik »I Just Want To Make Love To You«, melodisch breit ausladend »You Can Make It If You Try«. Auf Drängen von Manager Oldham gingen Jagger und Richard mit dieser LP zugleich unter die Autoren für die Stones.

Die Fans kamen in Scharen, um ihre Stones zu hören. Zu fast allen Konzerten gab es große Pilgerströme. Aber auch skrupellose Geschäftemacher nutzen den Stones-Boom für sich aus. Am 19. Mai 1964 kommt es vor dem Chatinghall Hotel (Schottland) zu schweren Krawallen mit der Polizei, als mehrere Tausend mit gefälschten Karten versehene Fans das Hotel stürmen wollen. Es gibt zahlreiche Verletzte. Bei den Kartenfälschern stimmen die Kassen.

Start nach Übersee – die erste USA-Tournee (1964)

Die Unterhaltungsszene in den USA war in den sechziger Jahren für jeden westlichen Showmann das begehrte Ziel. Hier traf sich alles, was Rang und Namen hatte, hier war auf Grund des Marktes das beste Geschäft zu machen. Niemals wird zu erfahren sein, wie viele Künstler in der Hoffnung auf den großen Aufstieg in die USA kamen und dort auf der Strecke blieben.

Die Stones und ihre Manager setzten alles daran, beim ersten Amerikastart gleich richtig anzukommen.

Ehe die Tourneeserie mit einem Konzert am 5. Juni 1964 in San Bernardino begann, sollten die Stones mit einem improvisierten Konzert bei Ankunft in den USA am 1. Juni 1964 auf dem J. F. Kennedy Field auf sich aufmerksam machen. Es gelang ihnen, allerdings vor allem mit den dabei ausbrechenden Krawallen zwischen Fans und der Polizei.

In Texas begann die Tournee. Es folgten Auftritte in Minnesota, Nebraska, Pensylvania, Michigan und dann – am 20. Juni 1964 – in der New Yorker Carnegie Hall.

Zur Zeit dieser USA-Tournee kam erstmals das »Official Rolling Stones Book« auf den Markt. Monatlich folgten für 1,5 Schilling neue Ausgaben.

Die USA-Tournee brachte bei allen spektakulären Aktivitäten auch eine von künstlerischem Wert. Unter Leitung des bekannten Tonregisseurs Ron Malo konnten die Stones am 10. und 11. Juni 1964 in dem bedeutenden Chicagoer Chess Studio produzieren. Das Ergebnis dieser Arbeit, »Good Times, Bad Times« von Mick Jagger und Keith Richard, erschien auf einer Single. Der Song gehört zweifellos nicht zu den melodisch großen Titeln. Aber dank stilisierter Blasharmonika-Passagen entwickelt sich eine ästhetisch schöne Blues-Melodie, die etwas zum Liebeslied hin tendiert. Und es ist ein politischer Song: Man braucht Vertrauen auf dieser Erde; nur so kann ein Krieg verhindert werden. Dank der effektvollen Tonregie Malos werden Gitarrensound, Baß-Passagen und Gesang zu dem »klassischen Stones-Sound« entwickelt. Eine künstlerische Leistung aller Beteiligten.

Tags darauf – am 12. Juni 1964 – provozieren die Stones mit einer »Pressekonferenz« mitten auf der verkehrsreichen Michigan Avenue von Chicago erneut Krawalle. So nah beieinander liegen Licht und Schatten im Auftreten dieser fünf Rockmusiker, wenn es nur die Geschäfte fördert.

Die Krawalle bestimmten das Stones-Umfeld:

→ 24. Juli 1964: Im Empress Ballroom Blackpool Englands bisher größte Rockschlägerei;

→ 1. August 1964: In Belfast Schlägereien; 42 Verletzte, darunter 8 Schwerstverletzte, nach dem Rolling-Stones-»Konzert«, das nach 12 Minuten abgebrochen werden mußte;

→ 13. September 1964: In Liverpool werden über 20 Rugbyspieler zum Stones-Schutz aufgestellt. Tausende hysterische Fans trampeln sie nieder.
→ 17. September 1964: In Carlisle werden Polizeihunde aufgeboten, um die Stones zu schützen;
→ 19. September 1964: Nach einem Konzert in Edinburgh setzt die Polizei einen gepanzerten Geldtransporter ein, um die Stones sicher vom Veranstaltungsort abzufahren;
→ 20. Oktober 1964: Auf dem Gelände der Brüsseler Weltausstellung treten die Stones auf der Bühne des American Theatre auf, obwohl der Innenminister Belgiens den Auftritt zunächst untersagt hatte. Teenager randalieren, zertrümmern Sitze und liefern anschließend in der Stadt der Polizei wahre Straßenschlachten. Viele unbeteiligte Passanten werden verletzt – und so weiter und so fort.

Das Geschäft mit der Zerstörung ist perfekt. Veranstalter schlagen sich monatelang mit den Versicherungen herum. Verklausulierte Bedingungen in den Policen bringen manchen Geschädigten an den Rand des wirtschaftlichen Ruins.
Bei den Stones und ihren Managern jedoch wirkt sich das alles in klingender Münze aus.
In den letzten Oktobertagen starten sie zum zweiten Mal in Richtung USA. Neben Konzerten in mehreren Städten stehen wiederum Plattenproduktionen in den Chess Studios Chicago und in Hollywood auf dem Programm. Außerdem werden in den Hollywood-Studios Filmaufnahmen für eine TV-Schau abgedreht.
Kurz vor Abflug aus den USA nach Europa autorisieren die Stones ihre erste »offizielle« Biographie, das Taschenbuch »Our Own Story«.

Good Times, Bad Times

There've been good times, there've been bad
  times
I've had my share of hard times, too
But I lost my faith in the world
Honey, when I lost you

Remember the good times we had together
Don't you want them back again
Tho' these hard times are bugging me now
I know now it's the same

There's gotta be trust in this world
Or it won't get very far
Well trust in someone
Or just gonna be war

Gute Zeiten, schlechte Zeiten

Es gab gute Zeiten, es gab schlechte Zeiten
Meinen Teil von den harten Zeiten hab ich
  abbekommen
Doch meinen Glauben an die Welt verlor ich
Süße, als ich dich verlor

Erinnre dich an die guten Zeiten, die wir
  miteinander hatten
Willst du sie nicht wiederhaben?
Auch wenn mich jetzt die harten Zeiten drücken
Weiß ich, das ist sowieso egal

Es sollte Vertrauen in dieser Welt sein
Oder sie wird nicht sehr weit kommen
Nun, an irgendwas muß man glauben
Oder es wird Krieg geben

Auf dem fünften Kontinent (1965)

Es ist ungewöhnlich für eine europäische Gruppe, daß sie – ehe sie ihren Kontinent erobert – bereits Kurs auf das ferne Australien nimmt. Die Rolling Stones machten es wahr. Im Januar 1965 starteten sie von Los Angeles aus nach Australien. Auch hier sind die Stones bereits bekannt. Mehrere tausend Fans stürmen bei der Ankunft der Gruppe den Sydneyer Flughafen. Bereits einen Tag später geht in Sydney das erste Konzert über die Bühne. Während der Australientournee kommt die zweite Gesamt-LP heraus. Auf ihr sind solche Erfolgstitel wie »Can't You Catch Me« und »Down The Road Apiece« und natürlich wieder Titel von Mick Jagger und Keith Richard, »What A Shame«, »Grown Up Wrong« und »Off The Hook«. Mit dieser zweiten LP bleiben die Stones ihrem volkstümlich orientierten Rhythm and Blues-Stil treu. Zwei große Konzerte im Melbourner Palais-Theater beenden die Australientournee. Es folgen Auftritte in Neu-Seeland, Singapur und Hongkong.

Europa muß noch immer auf die Stones warten. Doch nicht mehr lange. Für dieses Jahr steht das europäische Festland auf dem Programm des Managements. Nach mehreren Konzerten in englischen Städten ist es endlich soweit: Mit großem propagandistischem Aufwand geht es in verschiedene europäische Staaten – Dänemark, Schweden, BRD, Frankreich (im März und April).

Und wieder der Stones-Alltag: Häufig müssen starke Polizeikräfte die fanatischen Stones-Anhänger zur Ruhe bringen. Kurioserweise bringen die wenigen Konzerte in der Bundesrepublik Deutschland nur einen durchschnittlichen Erfolg. Hier stehen die Beatles noch weitaus höher im Kurs. Auch drei Konzerte im berühmten Pariser Nachtetablissement »Olympia« gestalten sich nur zu einem Anerkennungserfolg. Deshalb entscheiden sich die Manager der Stones schnell für eine dritte USA- und Kanadatournee, da dort der Markt trächtiger scheint.

Am 23. April 1965 beginnt die Tournee in Montreal. Und wieder Aufnahmen in den Chess Studios Chicago, außerdem umfangreiche Filmproduktionen in Hollywood. Zahlreiche amerikanische Fernsehstationen schaffen dokumentarische Kurzfilmbeiträge für verschiedene Sendeanlässe. Für die Stones ist dabei viel Geld zu verdienen. Charlie Watts legt es gleich sicher an. Er kauft dem englischen Lord Shawcross ein Sussex-Haus aus dem 16. Jahrhundert ab, das seinerzeit dem Erzbischof von Canterbury gehört hatte.

Diese Amerikatournee bringt den Stones eine besondere Anerkennung. Mit drei Shows in der ehrwürdigen Academy of Music in New York beenden sie die Gastspielreise. Beginnt man in den USA die Rockmusik auch im Wissenschafts- und Lehrbereich salonfähig zu machen? Wohl kaum. Mit den

Konzerten kann die etatschwache Lehranstalt ihren Haushalt etwas auffüllen.

Es geht zurück über den Atlantik. Eine kurze Fahrt nach Schottland. Nunmehr machen die Stones wieder Bekanntschaft mit dem Staatsanwalt, nachdem Mick Jagger im November 1964 wegen einiger Verkehrsdelikte vor Gericht stand. Bill Wyman, Brian Jones und Mick Jagger hatten an einer Tankstelle in Romford Road (Stratford) provokatorisch an die Außenwand uriniert. Dem »Daily Mirror« ist zu entnehmen, daß sie zu einer Ordnungsstrafe und zur Übernahme der Gerichtskosten verurteilt wurden. Dagegen legten die drei Stones Berufung ein. Hut ab vor dem Richter Alderman Albert Moorey vom Westham Magistrates' Court: »Auch wenn sie in ihrem Beruf sich eine hervorragende Stellung geschaffen haben, so bedeutet das noch nicht, daß sie sich in dieser Art und Weise benehmen können.«

In späteren Verfahren mit den Stones hatten Juristen diese Haltung nicht mehr an den Tag legen wollen – oder können. Reichtum und Image bestimmten die Auslegung des Rechts.

Vor der Sommerpause geht es noch einmal nach Skandinavien. Konzerte in Norwegen, Finnland, Schweden und Dänemark bringen nichts Neues.
Hingegen läßt in diesen Tagen das Plattenangebot aufhorchen: »Got Live If You Want It!«, komplett in Stones-Arrangements und in der Produktion von Oldham, erscheint. Es ist eine Mitschnitt-LP von der Frühjahrstournee durch England. Mit geschickt eingeblendeten hysterischen Fansausbrüchen wird diese Platte zu einer echten Konsumenten-Manipulation, sozusagen eine »Anleitung zum Handeln«.
Die Gruppenkompositionen (Autoren: Nanker, Phelge – Pseudonym) »We Want The Stones« und »I'm Allright« gehen los; Gitarre und Harmonika geben sich interessante musikalische »Gefechte«. Echte Stones-Musik!

I Can't Get No Satisfaction ...

Auch nach der Sommerpause gelingen den Stones anspruchsvolle Plattenproduktionen, so der wohl populärste Stones-Song, »Satisfaction (I Can't Get No)«, der in den USA sofort die Nummer 1 der Hitlisten wird. Er ist einer der ausdrucksstärksten Titel, der von den Stones produziert wurde. Musikalisch ebenso wie textlich. Das Autorengespann Jagger/Richard stellte mit ihm sein Können unter Beweis. Im harten Rocksound gestalten die Instrumentalisten virtuose melodische Passagen, ringen ihren Instrumenten urwüchsige Klänge und Rhythmen ab. Dazu aggressiv vorgetragene Strophen, die Sinnlosigkeit und fehlende Perspektive der Jugend in der kapitalistischen Welt ausdrücken. Da wird davon gesprochen, daß die Medien pseudopolitische Phrasen, manipulierte Informationen und überstilisierte Konsumaufforderungen mit der Werbung auf die Menschen loslassen. Und immer wieder der hämmernde Refrain »Ich krieg keine Befriedigung!«.
Das Unbehagen des Textes wirkt sich in der Musik kompositionstechnisch aus. Trotz einer fast dezent zu nennenden Melodieführung dringt der Titel durch den monotonen Grundschlag intensiv ins Ohr. Das ständig sich wiederholende Motiv macht die Struktur des Titels durchsichtig und leicht überschaubar, eine Technik, mit der die Stones häufig arbeiten werden.
Man hat den Song gern als »Ur-Hard-Rock-Titel« bezeichnet. Er erreichte sofort nach seiner Veröffentlichung in den USA eine Millionen-Plattenauflage.
Unter den Bedingungen der imperialistischen Massenkultur könnte man den Titel einen politischen Song nennen, und gewiß wurde er von zahlreichen Jugendlichen in dieser Richtung interpretiert.
Beim Auftritt in der Westberliner Waldbühne am 15. September 1965 sollte Mick Jagger diesem Titel noch den I-Punkt aufsetzen. Während des instrumentalen Zwischenspiels schritt er im preußischen Stechschritt die Bühne entlang und persiflierte mit entsprechenden Zwischentexten und dem zum Hitlergruß erhobenen Arm dieses faschistische Symbol. Das Publikum war nicht in der Lage, die Absicht zu erkennen. Fanatische Turbulenz auch hier das Ergebnis.
Als Single erschien 1965 »The Last Time«, ebenfalls ein Titel, der sich durch harten Gitarren-Grundrhythmus auszeichnete, auch er durch ein eingängiges, sich wiederholendes Motiv gekennzeichnet. Mehr oder weniger ein typischer Durchschnittstitel der Rolling Stones, der jedoch durch die vokale Gestaltung gewinnt. Der Song wurde ein Hit, vielleicht gerade wegen seiner leichten Faßlichkeit.
Mit »Out Of Our Heads The Rolling Stones« kommt im Herbst die erste vollständig in den USA produzierte LP auf den Markt. Sie ist ganz dem amerikanischen Rock'n'Roll-Geschmack angepaßt. Auf ihr wiederum

Satisfaction

I can't get no
Satisfaction
I can't get no
Satisfaction
'Cause I try and I try and I try and I try
I can't get no
I can't get no

When I'm drivin' in my car
And that man comes on the radio
And he's tellin' me more and more
About some useless information
Supposed to fire my imagination

I can't get no
Oh, no no, no
Hey, hey, hey
That's what I say

I can't get no
Satisfaction
I can't get no
Satisfaction
'Cause I try and I try and I try and I try
I can't get no
I can't get no

When I'm watchin' my T.V.
And that man comes on to tell me
How white my shirts can be
Well, he can't be a man 'cause he doesn't smoke
The same cigarettes as me

I can't get no
Ho, no no, no
Hey, hey, hey
That's what I say

I can't get no
Satisfaction
I can't get no
Girl with action
'Cause I try and I try and I try and I try
I can't get no
I can't get no

When I'm ridin' 'round the world
And I'm doin' this and I'm signin' that
And I'm tryin' to make some girl
Who tells me, baby, better come back later next week
'Cause you see I'm on a losing streak

Befriedigung

Ich krieg keine
Befriedigung
Ich krieg keine
Befriedigung
Was ich versuche und versuche und versuche und versuche
Ich krieg keine
Ich krieg keine

Wenn ich in meinem Auto fahre
Und dann quatscht dieser Mann im Radio
Und er gibt mir laufend
Irgendwelche sinnlosen Informationen
Die meine Vorstellung reizen sollen

Ich krieg keine
Oh nein, nein, nein
Hey, hey, hey
Das sag ich

Ich krieg keine
Befriedigung
Ich krieg keine
Befriedigung
Was ich versuche und versuche und versuche und versuche
Ich krieg keine
Ich krieg keine

Wenn ich in meinem Fernseher sehe
Daß dieser Mann kommt und sagt mir
Wie weiß meine Hemden sein können
Doch das kann kein Mann sein, der raucht nicht
Die gleiche Zigarettensorte wie ich

Ich krieg keine
Oh nein, nein, nein
Hey, hey, hey
Das sag ich

Ich krieg keine
Befriedigung
Ich krieg kein
Mädchen, mit dem es losgeht
Was ich versuche und versuche und versuche und versuche
Ich krieg keine
Ich krieg keine

Wenn ich um die ganze Welt fahr
Und mach dort dieses und unterschreibe jenes
Und versuche, irgendein Mädchen zu bekommen
Aber die sagt mir, komm besser nächste Woche wieder
Siehst du, ich habe eben ne Pechsträhne →

I can't get no
Oh, no no, no
Hey, hey, hey
That's what I say

I can't get no
I can't get no
I can't get no
Satisfaction
No satisfaction
No satisfaction
No satisfaction

Ich krieg keine
Oh nein, nein, nein
Hey, hey, hey
Das sag ich

Ich krieg keine
Ich krieg keine
Ich krieg keine
Befriedigung
Keine Befriedigung
Keine Befriedigung
Keine Befriedigung

The Last Time

Well, I told you once and I told you twice
But ya never listen to my advice
You don't try very hard to please me
With what you know it should be easy

Well, this could be the last time
This could be the last time
Maybe the last time I don't know
Oh no, oh no

Well I'm sorry girl but I can't stay
Feelin' like I do today
It's too much pain and too much sorrow
Guess I'll feel the same tomorrow

Well, this could be the last time
This could be the last time
Maybe the last time I don't know
Oh no, oh no

Well, I told you once and I told you twice
That someone will have to pay the price
But here's a chance to change your mind
'Cuz I'll be gone a long, long time

Well, this could be the last time
This could be the last time
Maybe the last time I don't know
Oh no, oh no

Das letzte Mal

Nun, ich sagte dirs einmal, und ich sagtes nochmal
Aber auf meinen Rat hörst du ja sowieso nicht
Du versuchst nicht gerade, mir Freude zu machen
Obwohl du weißt, das würde leicht sein

Nun, das könnte das letzte Mal sein
Das könnte wirklich das letzte Mal sein
Aber vielleicht kenne ich das letzte Mal auch nicht
Oh nein, oh nein

Also, entschuldige, Mädchen, ich kann nicht bleiben
Wenn ich mich so fühle wie heute
Ich hab einfach zuviel Sorgen und Ärger
Morgen fühle ich mich auch nicht besser

Nun, das könnte das letzte Mal sein
Das könnte wirklich das letzte Mal sein
Aber vielleicht kenne ich das letzte Mal auch nicht
Oh nein, o nein

Nun, ich sagte dirs einmal, und ich sagtes nochmal
Einer muß den Preis zahlen
Du hast die Chance, dich zu besinnen
Wenn ich gegangen bin, bleib ich sehr lange fort

Nun, das könnte das letzte Mal sein
Das könnte wirklich das letzte Mal sein
Aber vielleicht kenne ich das letzte Mal auch nicht
Oh nein, oh nein

I'm Free

I'm free to do what I want any old time
I'm free to do what I want any old time
So love me, hold me, love me, hold me
I'm free any old time to get what I want

I'm free to sing my song tho' it is out of tune
I'm free to sing my song tho' it is out of tune
So love me, hold me, love me, hold me
I'm free to do what I want any old time

Ich bin frei

Ich bin frei, kann jederzeit machen, was ich will
Ich bin frei, kann jederzeit machen, was ich will
Drum lieb mich, halt mich, lieb mich, halt mich
Ich bin frei, kann mir jederzeit nehmen, was ich will

Ich bin frei, kann meine Melodie singen wie ich will
Ich bin frei, kann meine Melodie singen wie ich will
Drum lieb mich, halt mich, lieb mich, halt mich
Ich bin frei, kann immer machen was ich möchte

Heart Of Stone

There've been so many girls that I've known
I've made so many cry
And still wonder why
Here comes the little girl
I see her walking down the street
She's all by herself
Trying so hard to please
But she'll never break
Never break never break
Never break this heart of stone
Oh no no this heart of stone

What's different about her? I don't really know
No matter how I try
I just can't make her cry
But she'll never break
Never break never break
Never break this heart of stone
Oh no no this heart of stone

Don't keep on locking that same old way
If you try acting sad
You'll only make me glad
Better listen little girl
You go walking down the street
I ain't got no love
I ain't the kind to meet
But you'll never break
Never break never break
Never break this heart of stone
Oh no no
You'll never break this heart of stone

Herz aus Stein

Es gab so viele Mädchen, die ich kannte
So viele hab ich zum Weinen gebracht
Und frag mich immer noch warum
Hier kommt das kleine Mädchen
Ich seh sie die Straße runtergehn
Ganz in sich versunken
Versucht so sehr, zu gefallen
Aber sie bricht mir nie
Bricht nie, bricht nie
Bricht nie dieses Herz aus Stein
Oh, nein, nein, nein, dieses Herz aus Stein

Was ist anders an ihr? Ich weiß es nicht genau
Obwohl ich alles versuche
Ich kann sie nicht zum Weinen bringen
Aber sie bricht mir nie
Bricht nie, bricht nie
Bricht nie dieses Herz aus Stein
Oh, nein, nein, dieses Herz aus Stein

Sieh mich doch nicht immer wieder so an
Wenn du versuchst, Traurigkeit zu spielen
Stimmst du mich nur heiter
Hör zu, kleines Mädchen
Geh besser weiter die Straße runter
Ich hab keine Liebe
Ich gehör nicht zur freundlichen Sorte
Und du brichst mir nie
Brichst nie, brichst nie
Brichst nie dieses Herz aus Stein
Oh, nein, nein
Du brichst mir nie mein Herz aus Stein.

I can't get no—
Satisfaction

Jagger/Richard-Erfolgstitel: »Gotta Get Away«, »I'm Free« und »Heart Of Stone«. Das farbige Amerika beginnt, sich verstärkt für die Stones zu interessieren. Progressive Titel und eine musikalische Reverenz an die texanische Folklore schwarzer Künstler auf dieser LP sind dafür ein Grund.

So sind dann auch Konzerte für Farbige während der vierten Nordamerikatournee (Oktober–Dezember 1965) auf dem Programm, nachdem zuvor noch kurze Abstecher nach der BRD, Österreich und durch England unternommen worden waren.

Übrigens brachten Fans in Los Angeles die Stones in eine »Unter-die-Gürtellinie-Situation« – sie konnten einen Auftritt nur durch Zugang über die Toilettenfenster auf die Bühne realisieren. Auf offiziellem Wege war kein Durchkommen. Kommentar der Stones: Das war unser letzter Auftritt in einem Tanzpalast. Welch frommer Wunsch.

Die Auftrittspolitik machen die Manager. Und davon gibt es sogleich zwei Neue: Allen Klein, Geschäftsführer; Tito Burns, Agent – zwei eiskalte Hitmacher, die geschickt erste Nachrichten über Rauschgiftkonsum der Stones in die Presse lancieren. Ein neuer potentieller Zuhörerkreis für die Gruppe erschloß sich. Hunderttausende Jugendliche überall in der imperialistischen Welt suchten im Rauschgift einige Augenblicke Erleichterung und Zufriedenheit. Der Rausch sollte mit Stones-Musik gekoppelt werden.

Ein heißes Jahr geht zu Ende, wir schreiben inzwischen 1966.

John Lennon: »Alles, was wir bringen, kopieren die Stones vier Monate später« (1966)

Es sollte ein Jahr der Blitzreisen werden. Zunächst geht es – äußerst selten für diesen Unterhaltungsmarkt – zum zweiten Mal nach Australien und Neu-Seeland (18. Februar–1. März 1966). In 10 Tagen (26. März–5. April 1966) folgen fünf westeuropäische Länder. Dabei wird's gefährlich. Mick Jagger macht Bekanntschaft mit dem fliegenden Stuhl eines Fans. Eine Platzwunde muß genäht werden.

Doch wenden wir uns den interessanteren Plattenproduktionen zu. »19th Nervous Breakdown« (Autoren wiederum das Erfolgsgespann Jagger/Richard) erscheint, gekoppelt mit »As Tears Go By« (zu dem genannten Autorenteam gesellt sich als Mitautor Manager Andrew Loog Oldham). »19th Nervous Breakdown« ist auf den Hitlisten der westlichen Medien recht schnell an vorderster Stelle. Trotz verstecktem Hinweis auf den Drogenmißbrauch durch die Jugend. Auch dieser Titel der Stones zeichnet sich durch expressive Rhythmik, stärker aber durch einen sozialkritischen Text aus: Es geht um ein junges Mädchen aus der sogenannten wohlsituierten Gesellschaft. Sie steht im Mittelpunkt vieler Parties, doch ihr Leben ist leer. Ihre Eltern wurden von den größeren Haien der Gesellschaft gefressen, sie haben Schulden. Der Titel besingt das Generationsproblem zwischen Eltern und Kindern. Man hat sich nichts zu sagen. Soll sie doch ihr Leben ändern und nicht auf den 19. Nervenzusammenbruch warten, heißt es. Hier bleibt der Text stehen.
Der Song »As Tears Go By« wurde 1964 ursprünglich für Marianne Faithfull geschrieben, dann jedoch ebenso von den Rolling Stones produziert.
Wenn Reichtum auch zu vielen Dingen verhilft, das Singen der Kinder oder ihr Lächeln kann er nicht kaufen. So sitzt der Mann, schaut den Kindern zu, ihm kommen die Tränen. Diese Melancholie spiegelt sich musikalisch wieder. Die kammermusikalischen Elemente des Arrangements bereichern die Aussage des Textes.
Das Lied ist ein Beispiel für die »weiche« Stones-Welle. Manchmal erinnert es an »Yesterday«, den Erfolgstitel der Beatles.
Dank seiner Rokoko-Atmosphäre und in einer italienischen Textfassung wird der Song in Italien der Hit der Gruppe.
Die fünfte Nordamerikatournee (Juni–Juli) sollte nicht den erwünschten Erfolg bringen. Manche, auf gut bürgerlichen Ruf achtende US-Offizielle hatten sich von den Stones-Krawallen distanziert. Vierzehn New Yorker Hotels sprachen sogar eine Reservierungssperre für die Gruppe aus, was die Stones auf den Plan brachte, um gegen die Hotels zu klagen. Wegen Rufschädigung. Der Zivilprozeß kam nie zum Tragen.

Anders Offizielle in England. Im Unterhaus stellt der Abgeordnete Tom Driberg den Antrag, man soll das parlamentarische Bedau-

As Tears Go By

It is the evening of the day
I sit and watch the children play
Smiling faces I can see
But not for me
I sit and watch
As tears go by

My riches can't buy ev'rything
I want to hear the children sing
All I hear is the sound
Of rain falling on the ground
I sit and watch
As tears go by

It is the evening of the day
I sit and watch the children play
Doin' things I used to do
They think are new
I sit and watch
As tears go by

Wenn die Tränen fließen

Es ist am Abend des Tages
Ich sitz und seh die Kinder spielen
Gesichter kann ich sehen, sie lächeln
Aber nicht für mich
Ich sitz und sehe sie
Und meine Tränen fließen

Mein Reichtum kann nicht alles kaufen
Auch nicht das Singen dieser Kinder
So hör ich nur die Regentropfen
Die auf den Boden fallen
Ich sitz und seh die Kinder
Und meine Tränen fließen

Es ist am Abend des Tages
Ich sitz und seh die Kinder spielen
Sie tuen was ich früher tat
Und machen es doch neu
Ich sitz und sehe sie
Und meine Tränen fließen

ern gegenüber den Stones aussprechen, weil ein Stadtparlament die fünf Musikanten als »komplette Idioten in dreckigen Klamotten« bezeichnet hatte. Nun, geschenkt! Der Dank der Stones war keineswegs patriotisch. Mit ihrer Tournee 1968 verabschiedete sich die Truppe bis 1971 von den heimatlichen Bühnen.

Dafür ist die englische Presse voller Stones-Informationen: Man weiß zu berichten, daß Allen Klein vom Verlag Anthony Blon Ltd. die Filmrechte des Romans »Only Lovers Left Alive« von Dave Willis für die Rolling Stones erworben hat. Das Debüt im Film ist mit 1 Million Dollar Honorar verbunden. Sicher werden auch Oldham und Klein als Co-Produzenten nicht schlecht besoldet. Es geht im Film um die rebellische Jugend, die dazu rüstet, England und die etablierte Gesellschaft zu erobern. Doch zu den Stones-Filmprojekten später.
Ein Pressegefecht zwischen den Stones und den Beatles füllt ebenfalls die Zeitungsspalten. »Alles, was wir bringen, kopieren die Stones vier Monate später«, so der Beatle John Lennon. Er bezog sich dabei auf die soeben erschienene Decca-Platte mit »Paint It Black« von Jagger/Richard.
Sicher, die Idee des Titels läßt einen Vergleich mit den Beatles zu. Jedoch waren die Modetrends so weltoffen, daß der Vorwurf eines Plagiats nicht aufrecht zu halten ist.
Will die Sonne ... schwarz, heißt es in dem Song, der eine düstere Alltagsstimmung reflektiert und wohl auch Erfahrungen mit Drogen. Die musikalische Gestaltung wird durch den harten Grundrhythmus bestimmt, der in der Kompositionsskala der Autoren einen Übergang zu verstärkter Aggressivität in der Musik ahnen läßt. Nach dem Vorbild der Beatles verwenden die Stones in diesem Titel eine indische Sitar – vielleicht war auch dies der Ausgangspunkt für die Äußerung John Lennons.
Die Straße hatte jedenfalls ihre Auseinandersetzung zwischen den Fans der Beatles und denen der Stones. Ein gutes Geschäft auch für die Boulevardpresse.
Im Jahr 1966 erschien die Langspielplatte »Aftermath«, auf ihr beispielsweise die Songs »Mother's Little Helper« und »Lady Jane«. »Mother's Little Helper« zeigt den Alltag einer einfachen Frau, die längst nicht

Paint It Black

I see a red door and I want it painted black
No colours anymore I want them to turn black
I see the girls walk by dressed in their summer clothes
I have to turn my head until my darkness goes

I see a line of cars and they're all painted black
With flowers and my love both never to come back
I see people turn their heads and quickly look away
Like a new born baby it just happens ev'ry day

I look inside myself and see my heart is black
I see my red door and I want it painted black
Maybe then I'll fade away and not have to face the facts
It's not easy facing up when your whole world is black

No more will my green sea go turn a deeper blue
I could not foresee this thing happening to you
If I look hard enough into the setting sun
My love will laugh with me before the morning comes

I see a red door and I want it painted black
No colours anymore I want them to turn black
I see the girls walk by dressed in their summer clothes
I have to turn my head until my darkness goes

I wanna see your face painted black, black as night
Don't wanna see the sun flyin' high in the sky
I wanna see it painted, painted, painted, painted black, yeah!

Mal es schwarz

Ich seh eine rote Tür und will sie schwarz anmalen
Nirgends mehr Farben, ich will sie schwarz haben
Ich seh die Mädchen in ihren Sommersachen vorübergehen
Ich muß meinen Kopf abwenden, bis die Finsternis weg ist

Ich seh eine Reihe von Autos und sie sind alle schwarz angemalt
Blumen welken und meine Liebe kommt nicht zurück
Ich seh Leute sich umdrehn und schnell wieder wegschaun
Das geht jeden Tag, wie Kinder geboren werden

Ich seh in mich hinein und seh mein Herz ist schwarz
Ich seh meine rote Tür und will sie schwarz anmalen
Kann sein, daß ich dann verschwinde und die Tatsachen nicht mehr seh
Es ist nicht leicht, rauszugehn wenn die ganze Welt schwarz ist

Mein grüner See wird sich nie mehr in ein tiefes Blau färben
Ich konnte doch nicht ahnen, daß dir das geschehen würde
Wenn ich tief genug in die untergehende Sonne sehe
Wird meine Geliebte mir zulächeln, eh der Morgen kommt

Ich seh eine rote Tür und will sie schwarz anmalen
Nirgends mehr Farben, ich will sie schwarz haben
Ich seh die Mädchen in ihren Sommersachen vorübergehen
Ich muß meinen Kopf abwenden, bis die Finsternis weg ist

Ich will dein Gesicht schwarz angemalt sehn, schwarz wie die Nacht
Will die Sonne nicht hoch am Himmel fliegen sehn
Ich will sie schwarz, schwarz, schwarz, schwarz gemalt, yeah!

Mother's Little Helper

What a drag it is getting old
»Kids are different today«
I hear ev'ry mother say
Mother needs something today to calm her down
And though she's not really ill
There' a little yellow pill
She goes running for the shelter of a mother's little helper
And it helps her on her way
Gets her through her busy day

»Things are different today«
I hear ev'ry mother say
Cocking fresh food for a husband's just a drag
So she buys an instant cake
And she burns her frozen steak
And goes running for the shelter of a mother's little helper
And two help her on her way
Get her through her busy day

Doctor please
Some more of these
Outside the door
She took four more
What a drag it is getting old

»Men just aren't the same today«
I hear ev'ry mother say
They just don't appreciate that you get tired
They're so hard to satisfy
You can tranquilise your mind
So go running for the shelter of a mother's little helper
And four help you through the night
Help to minimise your plight

Doctor please
Some more of these
Outside the door
She took four more
What a drag it is getting old

»Life's just much too hard today«
I hear ev'ry mother say
The pursuit of happiness just seems a bore
And if you take more of those
You will get an overdose
No more running to the shelter of a mother's little helper
They just helped you on your way
Through your busy dying day

Mutters kleiner Helfer

Es ist ermüdend, alt zu werden
»Die Jugend von heute ist anders«
Hör ich jede Mutter sagen
Mutter braucht heute was, um sich zu beruhigen
Und obwohl sie nicht wirklich krank ist
Gibts da eine kleine gelbe Pille
Das ist Mutters kleiner Helfer, bei dem sie Schutz sucht
Und die hilft auf ihrem Weg
Bringt sie über den Arbeitstag

»Die Dinge liegen heute anders«
Hör ich jede Mutter sagen
Es ist schon ermüdend, stets was Neues kochen für den Ehemann
So kauft sie einen Fertigkuchen
Und verbrennt ihr eingefrorenes Steak
Braucht nun diesen kleinen Helfer, bei dem sie Schutz sucht
Und zwei helfen auf ihrem Weg
Bringen sie über den Arbeitstag

Doktor, bitte
Noch ein paar von denen
Vor der Tür
Schluckt sie nochmal vier
Es ist ermüdend, alt zu werden

»Heute sind die Männer nicht wie früher«
Hör ich jede Mutter sagen
Sie können nicht verstehen, daß du müde wirst
Sie sind so schwer zu befriedigen
Du kannst deine Nerven beruhigen
Nimm nur diesen kleinen Helfer, der dir Schutz gibt
Und vier helfen dir über die Nacht
Helfen dir, aus der Klemme zu kommen

Doktor, bitte
Noch ein paar von denen
Vor der Tür
Schluckt sie nochmal vier
Es ist ermüdend, alt zu werden

»Heute ist das Leben viel zu schwer«
Hör ich jede Mutter sagen
Die Suche nach dem Glück ist ziemlich langweilig
Und wenn du von denen noch mehr nimmst
Kriegst du eine Überdosis
Brauchst nicht mehr diesen kleinen Helfer, der dir Schutz gibt
Sie haben dir auf dem Weg geholfen
Durch einen geschäftigen Sterbetag

mehr mit ihrem Leben zurechtkommt. Da helfen dann eben Pillen, mit denen ja gleichfalls die Drogensucht vorbereitet wird, denn Rauchen und Alkoholkonsum bilden wie die Einnahme von Tabletten den Übergang zu stärkeren Suchtmitteln. Interessant ist nebenbei, wie stark die Stones auf die US-amerikanische Lebensweise eingehen, also auf den für sie wichtigsten Markt. Deutlich wird dies beispielsweise an Dingen wie Fertigkuchen oder eingefrorene Steaks, seinerzeit für Europa noch nicht üblich. Und die Zeile »the pursuit of happiness« (die Suche nach dem Glück) ist der amerikanischen Unabhängigkeitserklärung entnommen.

Die unterschiedlichen Stimmungen, die sich bei diesem Liebeslied für Lady Jane, mit dem gleichzeitig der Abschied von den Geliebten Ann und Marie erklärt wird, ergeben, spiegelt die Musik einfühlsam wider. Nach einer fast exotisch zu nennenden Eingangsphase dringt der Sologesang Mick Jaggers dank eines kleinen, intensiv ausgefüllten Tonraumes ins Ohr. Trotz sparsamster instrumentaler Effekte oder besser noch wegen dieser Beschränkung gewinnt der Titel an Wirkung.
Übrigens ist »Aftermath« die erste Langspielplatte der Rolling Stones, auf der ausschließlich Kompositionen von Jagger/Richard aufgenommen sind.

Lady Jane

My sweet lady Jane
When I see you again
Your servant am I
And will humbly remain
Just heed this plea, my love
On bended knee my love
I pledge myself to lady Jane

My dear lady Anne
I've done what I can
I must take my leave
For promised I am
The play is run, my love
Your time has come my love
I pledge my soul to lady Jane

Oh, my sweet Marie
I wait at your cue
The sands have run out
For your lady and me
When love is high, my love
Wedlock is nigh, my love
Life is secure with lady Jane

Lady Jane

Meine süße Liebste Jane
Wenn ich dich wiedersehe
Bin ich dein Diener
Und werd es immer bleiben
Hör diesen Schwur, Liebste:
Ich versichre dir auf Knien
Ich gebe mich dir hin

Meine Geliebte Ann:
Ich tat, was ich kann
Ich muß doch Abschied nehmen
Ich bin versprochen und
Unser Spiel ist aus, Liebste
Unsere Zeit ist gekommen, Geliebte
Ich bin mit Lady Jane zusammen

Oh, meine süße Marie
Ich warte auf dein Zeichen
Die Uhr ist abgelaufen
Für deine Lady und für mich
Wenn die Liebe beginnt
Ist die Ehe nicht weit, Liebling
Mit Lady Jane ist das Leben sicher

Tourneearme Jahre (1967–1968)

Nach dem Reisefieber der ersten Erfolgsjahre tritt eine gewisse Ruhe ein. Ausgepumpt? Ruhe vor einem erneuten Sturm? Besinnung? Lassen wir die Fakten sprechen.

Am 10. November 1966 stellt das Periodika »The Official Rolling Stones Book« sein Erscheinen ein. Nach dreißig Ausgaben. Die Schriftenreihe war in die roten Zahlen gekommen. Eine Zusammenstellung früherer Hits auf der Decca-Langspielplatte »Big Hits – High Tide And Green Grass« kommt über einen Anerkennungserfolg nicht hinaus.

Die Platte enthält auch den Song »Get Off Of My Cloud«, der als Single bereits 1965 erschien. Eine monotone Motivbildung, verbunden mit geschickt aufgesetzten Vokaleffekten, gibt dem Lied seinen musikalischen Reiz. Eigentlich ist der Song nur die musikalische Erweiterung von »Twist and Shout«, einem ehemaligen Welthit, um einige Töne. Der Einfall hatte jedenfalls Erfolg – »Get Off Of My Cloud« gelangte auf die Nummer 1 der Hitlisten. Nicht zuletzt vielleicht auch wegen seiner Anleihe bei der pentatonischen Blues-Art.

Get Off Of My Cloud

I live in a apartment on the ninety-ninth floor of my block
And I sit at home lockin' out the window imaginin' the world has stopped
Then in comes a man all dressed up like a Union Jack
He says I've won five Pounds if I have this kind of detergent pack
I says, hey, you, get off of my cloud, hey, you, get off of my cloud
Hey, you, get off of my cloud, don't hang around
'Cause two's a crowd – on my cloud, baby
The telephone is ringin', I say, hi, it's me, who's there on the line?

Runter von meiner Wolke

Ich lebe in einer Wohnung im 99. Stock unsres Blocks
Und ich sitze zuhause, seh aus dem Fenster und stell mir vor, die Welt hält an
Da kommt ein Mann rein, der wie ein Union Jack angezogen ist
Er sagt, ich gewinne 5 Pfund, wenn ich diese Sorte Waschmittel nehme
Ich sag, hey, du, runter von meiner Wolke, hey, du, runter von meiner Wolke
Hey, du, runter von meiner Wolke, häng hier nicht rum
Zwei sind zuviel auf meiner Wolke, Baby
Das Telefon klingelt, ich sag, hallo, ich bins, wer ist da

A voice says, hi hello, how are you? Well, I guess, I'm doing fine
He says It's three a.m., there's too much noise, don't you people ever go to bed?
Just 'cause you feel so good, do you have to drive me out of my head?
I says, hey, you, get off of my cloud, hey, you, get off of my cloud
Hey, you, get off of my cloud, don't hang around
'Cause two's a crowd – on my cloud, baby
I was sick and tired, fed up with this and decided to take a drive downtown
It was so very quiet and peaceful, there was nobody not a soul around
I laid myself out, I was so tired and I started a dream
In the morning the parking tickets were just like flags stuck on my wind screen
I says, hey, you, get off of my cloud, hey, you, get off of my cloud
Hey, you, get off of my cloud, don't hang around
'Cause two's a crowd – on my cloud, baby

Eine Stimme sagt, hallo, hallo, wie gehts? Nun, sag ich, mir gehts gut
Er sagt, es ist 3 Uhr morgens, es ist zuviel Lärm, geht ihr Leute nie ins Bett?
Ich dreh durch und ihr fühlt euch gut dabei
Ich sag, hey, du, runter von meiner Wolke, hey, du, runter von meiner Wolke
Hey, du, runter von meiner Wolke, häng hier nicht rum
Zwei sind zuviel auf meiner Wolke, Baby
Ich war müde und einfach fertig und entschloß mich, in die Stadt zu fahrn
Es war so ruhig und friedlich, kein Mensch war da
Ich legte mich hin, ich war ermüdet und ich begann zu träumen
Am Morgen steckten die Strafzettel wie Flaggen unter dem Scheibenwischer des Autos
Ich sag, hey, du, runter von meiner Wolke, hey, du, runter von meiner Wolke
Hey, du, runter von meiner Wolke, häng hier nicht rum
Zwei sind zuviel auf meiner Wolke, Baby

Die Rockpublizistik bezeichnet die Anfang 1967 erscheinende Platte »Between The Buttons« als »Ende einer Ära«. Man spricht davon, daß das Interesse der Straße an den Stones abklingt, ergo verschwinden die Fünf von der Spitze der Hitlisten.
Zwar enthält die LP noch Titel wie »Yesterday's Papers«, »My Obsession« und »Who's Been Sleeping Here?«. Übrigens sind wiederum alle Titel der LP von Jagger und Richard. »Yesterday's Papers« – wer will Zeitungen von gestern, wer will Mädchen von gestern? Niemand! Zeitungen gebraucht man, wirft sie weg. Mädchen werden zur Ware deklariert.
In gewissem Sinn zeigt sich bei solchen Titeln, wenn man sie mit anderen aus früheren Jahren vergleicht, wie sich durch die Änderung der gesellschaftlichen Stellung der Musiker ihr Verhältnis zu den sie umgebenden Menschen verändert hat. Gerade am Verhältnis zu den Frauen wird dies deutlich.
Allerdings sollte dabei nicht vergessen werden, daß sich keine generelle Aussage aus einem oder mehreren Texten ableiten läßt. Besonders die Einschätzung von Frauen oder der Liebe reflektiert wohl nicht zuletzt die Erfahrungen, die bei den Tourneen oder Konzertveranstaltungen gewonnen wurden und die durch einen bestimmten Typ von Mädchen, die häufig die Musiker begleiten, geprägt werden.
»My Obsession« – meine Zwangsvorstellung, dich zu besitzen. Wenn ich etwas, eine Frau, will, hat sie sich mir hinzugeben. Und »Who's Been Sleeping Here?« spricht von den betrogenen Männern, deren Frauen stets »anderen Hähnen nachsteigen«.

Ein neues Stones-Image kündigt sich an: Mißachtung fraulicher Würde und Sex. Spätere Beispiele sollen bis zur Perversion gehen. Die Gruppe hatte ihren demokratisch-realistischen Boden, den es in manchen Ansätzen gab, endgültig aufgegeben. Und zwar nicht nur in der Musik, ebenso in der eigenen Lebensweise. Frauen, Sex, Rauschgift; Skandale – sie sollten sich quantivizieren.
1967 sah nur eine Europatournee. Im März und April ging es nach Schweden, in die BRD, nach Österreich, Italien, Frankreich, in die Volksrepublik Polen, die Schweiz, nach Holland und Griechenland. In westlichen Ländern die üblichen Krawalle. Sogar

Yesterday's Papers

Who wants yesterday's papers?
Who wants yesterday's girl?
Who wants yesterday's papers?
Nobody in the world

After this time I finally learnt
After the pain and hurt
After all this, what have I achieved?
I've realised it's time to leave

'Cause who wants yesterday's papers?
Who wants yesterday's girl?
Who wants yesterday's papers?
Nobody in the world

Living a life of constant change
Every day means a turn of a page
Yesterday's papers are such bad news
The same thing applies to me and you

Who wants yesterday's papers?
Who wants yesterday's girl?
Who wants yesterday's papers?
Nobody in the world

Seems very hard to have just one girl
When there's a million in the world
All of these people just can't wait
To fall right into their big mistake

'Cause who wants yesterday's papers?
Who wants yesterday's girl?
Who wants yesterday's papers?
Nobody in the world

Zeitungen von gestern

Wer will die Zeitungen von gestern?
Wer will ein Mädchen von gestern?
Wer will die Zeitungen von gestern?
Keiner auf der Welt

Nach langer Zeit hab ich endlich gelernt
Nach Sorge und Verletzungen
Nach all diesem, aber was nützt das?
Ich hab gemerkt, es ist Zeit, zu verschwinden

Denn wer will die Zeitungen von gestern?
Wer will ein Mädchen von gestern?
Wer will die Zeitungen von gestern?
Keiner auf der Welt

Ein Leben in ständigem Wechsel zu leben
Jeder Tag ist da ein umgeschlagenes Blatt
Die Zeitungen von gestern sind so schlechte Nachrichten
Und das gilt auch für dich und für mich

Wer will die Zeitungen von gestern?
Wer will ein Mädchen von gestern?
Wer will die Zeitungen von gestern?
Keiner auf der Welt

Ich finds hart, nur ein Mädchen zu haben
Wenn es in der Welt eine Million gibt
Aber alle Leute können nicht warten
Schnellstens ihren größten Fehler zu machen

Denn wer will die Zeitungen von gestern?
Wer will ein Mädchen von gestern?
Wer will die Zeitungen von gestern?
Keiner auf der Welt

Sprengstoff kommt ins Spiel. In Schweden flogen Sprengkörper auf die Bühne und schlugen die Musiker in die Flucht. Österreichische Rowdys setzten Rauchbomben ein, und in Zürich endete der Boxkampf zwischen Fans und der Gruppe mit einer gebrochenen Hand des Stones-Managers Tom Keylock. Die einzige Tournee wie gesagt, dann zweieinhalb Jahre Tourneepause. Dafür Skandale am laufenden Band, Auseinandersetzungen mit Polizei und Justiz.
Alles nützt und dient dem neuen Image.
Die erste Bombe platzt mit einem Artikel im »News Of The World Sunday«, als in einer mehrteiligen Drogenserie von dem Publizisten Mike Gabberts die Behauptung aufgestellt wird, daß Mick Jagger bei einer Party LSD genommen habe. Jagger kündigt Anzeige an. Doch die Polizei von West Sussex kommt mit einem Durchsuchungsbefehl in Keith Richards Wohnung, in der sich gerade Jagger aufhält. Rauschgift geht ab ins Labor. U-Haft wird angeordnet, dann gegen Kaution ausgesetzt. Zu gleicher Zeit wird Brian Jones in seiner Londoner Wohnung wegen Drogenbesitz verhaftet. Gegen Kaution ist er ebenfalls schnell wieder auf freiem Fuß. Doch die englische Justiz kann sich einen solchen politischen Eklat nicht leisten. Also kommt es am 11. Mai 1967 vor

dem Marlborough Street Amtsgericht gegen Brian Jones und am 22. Juni 1967 im Chichester Court gegen Jagger und Richard zu Prozessen. Die Manager sorgen für breite Anteilnahme der Fans vor und der Presse im Gerichtsgebäude. Wenn Konzerte fehlen, muß der Name »Rolling Stones« anderweitig im Spiel bleiben. Die Rechnung sollte aufgehen!

Am 29. Juni, nach zwei verhandlungsvorbereitenden Nächten im Gefängnis von Brixton (Jagger) und Wormwood Scrubs (Richard), werden beide gemeinsam mit dem Galeriedirektor von Mayfair, Robert Fraser, verurteilt:

Richard, ein Jahr Gefängnis, 500 Pfund Gerichtskosten,

Jagger, drei Monate Gefängnis, 100 Pfund Gerichtskosten,

Fraser, sechs Monate Gefängnis, 200 Pfund Gerichtskosten.

Tags darauf sind die Verurteilten gegen Kaution von 7000 Pfund frei! Vier Wochen später annuliert das Londoner Berufungsgericht das Urteil gegen Richard und spricht Jagger mit einer gerichtlichen Ermahnung frei. Die Presse, vor allem die »Times« hatte marktschreierisch Schützenhilfe gegeben. Geld zurück!

Brian Jones' Prozeß kann nicht beginnen. Er leide unter Streß. Am 30. Oktober 1967 ist er verhandlungsfähig. Das Urteil: Neun Monate Haft. 31. Oktober 1967 – Kaution 750 Pfund, auf freiem Fuß, sofort Berufung. Juristisches Geplänkel folgt. Drei psychiatrische Gutachten sprechen von einem ängstlich-unschuldigen Menschen. Das Gericht setzt deshalb die Strafe auf drei Jahre Bewährung bei Strafandrohung von 1000 Pfund aus. Auch hier spricht das Berufungsgericht am 13. Dezember 1967 das letzte Wort: Annulierung! Wie hatte doch das Gericht in seiner Ermahnung gegenüber Mick Jagger formuliert? Er habe als Popidol Vorbildcharakter! Ob die Geschworenen sich der Doppeldeutigkeit dieser Worte bewußt waren?

Das Jahr 1967 brachte weitere bedeutsame Einschnitte im Leben der Stones. So trennte sich die Gruppe im Herbst von ihrem Manager Andrew Loog Oldham. Daran schloß sich eine Pressekampagne an, die Stones seien führerlos, sie würden mit den Beatles fusionieren und sich diesen dabei unterordnen. Das führt letztlich zu einer offiziellen Pressemitteilung im Auftrag der Stones. Darin wurde eindeutig zum Ausdruck gebracht, daß Allen Klein (New York) Geschäftsführer der Stones ist, Tito Burns sie als Agent in Europa vertritt. Außerdem wurden Pressemeldungen als unwahr zurückgewiesen, daß eine Geschäftsverbindung zwischen beiden Gruppen bevorstehe.

Richtig ist, heißt es weiter in der Pressemitteilung, daß es zwischen Mick Jagger und dem Beatle Paul McCartney Informationsgespräche gegeben hat. Dabei wurde die Möglichkeit eines gemeinsamen Aufnahmestudios bei getrennter künstlerischer Arbeit zu einem späteren Zeitpunkt diskutiert.

Bei Brian Jones kündigten sich – hervorgerufen durch den ständigen Drogengebrauch – erste ernsthafte gesundheitliche Alarmzeichen an. Man munkelt von Selbstmordabsichten; Mitte Dezember erleidet Brian Jones einen körperlichen Zusammenbruch und wird ins Krankenhaus eingeliefert. Auch die Plattenproduktion steht 1967 unter einem schlechten Stern. Während der Produktion zu »Their Satanic Majesties Request«, die wegen der Querelen mit der Justiz immer wieder unterbrochen wird, verläßt Oldham die Gruppe. So muß die LP als Eigenproduktion der Stones fertiggestellt werden. Daß es dennoch eine recht anspruchsvolle Edition wird, liegt wohl nicht zuletzt daran, daß bis auf zwei Songs alle von Jagger und Richard stammen.

Zwei Titel dieser Platte seien genannt: »She's A Rainbow« und »2000 Light Years From Home«, denn sie gehören zu den musikalischen Bestleistungen der Rolling Stones. Das Liebeslied »She's A Rainbow«, ein sehr poetischer Titel, kann als der vielleicht interessanteste Titel der Gruppe bezeichnet werden. Zu keinem späteren Zeitpunkt wurde bei einer Produktion ein solcher verhaltener Wechsel von dezenten Klavierläufen und zartem Flötenspiel wiederholt. Auch die effektvolle Einleitung durch das Klavier gibt dem Lied eine starke künstlerische Aussage. Kammermusikalische Empfindungen

She's A Rainbow	Sie ist ein Regenbogen
She comes in colours everywhere She combs her hair She's like a rainbow Coming colours in the air ev'rywhere She comes in colours	Sie kann in allen Farben kommen Sie kämmt ihr Haar Sie ist wie ein Regenbogen In der Luft sind alle Farben Wenn sie kommt
Have you seen her dressed in blue? See the sky in front of you And her face is like a sail Speck of white so fair and pale Have you seen a lady fairer?	Hast du sie schon blau angezogen gesehn? Sieh den Himmel über dir Und ihr Gesicht ist wie ein Segel Ein weißer Fleck so schön und bleich Hast du je eine schönre Frau gesehn?
She comes in colours ev'rywhere She combs her hair She's like a rainbow Coming colours in the air ev'rywhere She comes in colours	Sie kann in allen Farben kommen Sie kämmt ihr Haar Sie ist wie ein Regenbogen In der Luft sind alle Farben Wenn sie kommt
Have you seen her all in gold? Like a queen in days of old She shoots colours all around Like a sunset going down Have you seen a lady fairer?	Hast du sie schon mal in Gold gesehn? Wie eine Königin aus der Vergangenheit Sprüht sie die Farben um sich Wie die Sonne, die untergeht Hast du je eine schönre Frau gesehn?
She comes in colours ev'rywhere She combs her hair She's like a rainbow Coming colours in the air ev'rywhere She comes in colours	Sie kann in allen Farben kommen Sie kämmt ihr Haar Sie ist wie ein Regenbogen In der Luft sind alle Farben Wenn sie kommt

werden durch den Einsatz der Violine erreicht.
In dem Song »2000 Light Years From Home« betrachten Raumfahrer aus dem All ihre Welt. Sie ist zu schön, um sie zu opfern. Die Textaussage erfährt mit der Musik eine eindrucksvolle, adäquate Gestaltung. Den einzelnen Instrumenten wird einleitend eine breite Ausdrucksskala abgerungen, die langsam in einen songhaften Grundrhythmus übergeht, hin und wieder von fast sphärenhaft anmutenden Klängen unterbrochen.
Verhalten, wie der Titel beginnt, endet er.
1968 ist das erste Jahr in der Stones-Geschichte ohne Tournee. Es gibt zwar – und das nach zwei Jahren Pause – ein erstes Konzert wiederum im heimatlichen England, aber die nächste Landestournee läßt noch bis 1971 auf sich warten.
Dafür erneute Bekanntschaft mit dem Staatsanwalt: Bei Brian Jones wird Marihuana beschlagnahmt. Doch mit 2000 Pfund Kaution bleibt er zunächst in Freiheit. Eine läppische Geldstrafe von 50 Pfund und Übernahme der Gerichtskosten beenden den kleinen Unfall. Dieses Jahr brachte die erste Produktion mit dem neuen Produzenten Jimmy Müller. Offensichtlich verlief die Auswechslung Oldhams problemlos.
Der Titel »Jumpin' Jack Flash« wurde mit einem gewaltigen Werbeaufwand in die Geschäfte gebracht und beendete Mitte des Jahres die fallenden Aktien der Stones. Mick Jagger dazu im August 1968: »Der optische Eindruck der Stones ist mir das wichtigste. Erst durch den Film, den wir machten, um die Platte zu verkaufen, wurde ›Jumpin' Jack Flash‹ ein richtiger Hit«.
Gegen Jahresende erschien die Langspiel-

platte »Beggars Banquet« und sicherte den Aufschwung der Gruppe im LP-Bereich. Auf ihr stellen Mick Jagger und Keith Richard wieder anspruchsvolle Titel vor. »Sympathy For The Devil«. Diese »Zuneigung für den Teufel« wird in der westlichen Publizistik gern als Politsong der Stones bezeichnet. Worum geht es? Der Teufel stellt sich in diesem Lied vor. Ich war immer dabei und habe manchen Menschen um Seele und Glauben gebracht, heißt es – bei der Kreuzigung von Jesus Christus, in Petersburg 1917 (»Als ich sah, daß es Zeit für eine Veränderung war«, wird akzentuiert), ich habe beim sinnlosen Panzer-Blitzkrieg-Versuch der Nazis mitgewirkt, bei der Ermordung der Kennedys durch unsere Gesellschaft. Und der gesellschaftskritische Textversuch erreicht eine klare Aussage, wenn von 10 Jahrzehnten Krieg synonym für 100 Jahre Imperialismus gesprochen wird.

Eine von Traditionell-Musik geprägte Rhythmik gibt dem ganzen Titel eine ängstliche Stimmung.

Man muß den Mut einer Rockgruppe anerkennen, sich gesellschaftlichen Problemen mit solcher aktuellen Aussage und Teilerkenntnis zuzuwenden.

Daß sie jedoch mit ihrer pseudopolitischen Betrachtungsweise, beispielsweise mit dem Vergleich Große Sozialistische Oktoberrevolution / Faschismus, politische Verwirrung beim Zuhörer schaffen, zeigt die Grenzen der Stones. Dennoch haben einige der Thesen des Titels unter den Repräsentanten des imperialistischen Systems Unruhe ausgelöst. Nur so ist das Verbot dieses Liedes durch die Chicagoer Stadtväter und weitere US-amerikanische Stadtparlamente zu verstehen.

Aus der Begründung des Verbotes: Solche Titel stören die öffentliche Ordnung.

Das gleiche Schicksal traf »Street Fighting Man«, in dem die Stones die jugendlichen Revolten in Frankreich, den USA und anderen westlichen Ländern reflektieren.

Auch wenn diese Unruhen nicht den revolutionären Charakter einer sozialistischen Revolution hatten, sondern vor allem die Unzufriedenheit der studentischen Jugend mit

2000 Light Years From Home

Sun turning 'round with graceful motion
We're setting off with soft explosion
Bound for a star with fiery oceans

It's so very lonely
You're a hundred light years from home

Freezing red deserts turn to dark
Energy in every part

It's so very lonely
You're six handred light years from home

It's so very lonely
You're one thousand light years from home

Bell Flight Fourteen you now can land
See you on Aldebaran
Safe on the green desert sand

It's so very lonely
You're Two Thousand Light Years From Home

2000 Lichtjahre weg von zuhause

Die Sonne dreht sich mit leichter Bewegung
Mit einem sanften Knall heben wir ab
Angezogen von einem Stern mit brennenden
Ozeanen

Es ist sehr einsam
Wenn du hundert Lichtjahre weg bist

Über erstarrte rote Wüsten senkt sich die
Dunkelheit
In jedem Teil ist Energie

Es ist sehr einsam
Wenn du sechshundert Lichtjahre weg bist

Es ist sehr einsam
Wenn du eintausend Lichtjahre weg bist

Flug Glocke 14, sie können jetzt landen
Wir sehen sie dann auf Aldebaran
Auf dem grünen Wüstensand sind sie sicher

Es ist sehr einsam
Wenn du zweitausend Lichtjahre weg bist

Sympathy For The Devil

Please allow me to introduce myself
I'm a man of wealth and taste
I've been around for long, long years
Stolen many a man's soul and faith
I was around when Jesus Christ had His
moment of doubt and faith
I made damn sure that Pilate
Washed his hands and sealed His fate

Pleased to meet you, hope you guess my name
But what's puzzling you is the nature of my
game

I stuck around St. Petersburg
When I saw it was time for a change
I killed the Tzar and his ministers
Anastasia screamed in vain
I rode a tank, held a gen'ral's rank
When the blitzkrieg raged and the bodies stank

I watched with glee while your kings and
queens
Fought for then decades for the Gods they
made
I shouted out »Who killed the Kennedys?«
When after all it was you and me
Let me please introduce myself
I'm a man of wealth and taste
And I lay traps for troubadors
Who get killed before they reach Bombay

Pleased to meet you, hope you guess my name
But what's puzzling you is the nature of my
game

Just as ev'ry cop is a criminal
And all the sinners, Saints
As heads is tails, just call me Lucifer
'Cause I'm in need of some restraint
So if you meet me, have some courtesy
Have some sympathy and some taste
Use all your well-learned politesse
Or I'll lay your soul to waste!

Pleased to meet you, hope you guess my name
But what's puzzling you is the nature of my
game

Sympathie für den Teufel

Gestatten Sie, daß ich mich vorstelle
Ich bin ein Mann von Wohlstand und Bildung
Seit langer, langer Zeit geh ich umher
Hab manchen um Seele und Glauben gebracht
Ich war da, als Jesus Christus an seinem
Glauben zweifelte
Verdammt, ich hab dafür gesorgt, daß Pilatus
Seine Hände wusch und sein Schicksal erfüllte

Freut mich, euch zu treffen, hoffe, ihr erratet
meinen Namen
Aber was euch verwirrt, ist der Sinn meines
Spiels

Ich war in der Gegend von St. Petersburg
Als ich sah, daß es Zeit für eine Veränderung
war
Ich tötete den Zaren und seine Minister
Anastasia kreischte umsonst
Ich fuhr einen Panzer, ich war General
Als der Blitzkrieg wütete und die Leichen
stanken

Fröhlich sah ich zu, wie eure Könige und
Königinnen
Zehn Jahrzehnte für die Götter, die sie selber
schufen, kämpften
Ich rief: »Wer tötete die Kennedys?«
Dabei wart ihr es doch und ich
Gestatten Sie, daß ich mich vorstelle
Ich bin ein Mann von Wohlstand und Bildung
Aber ich stelle Fallen für Minnesänger
Die werden getötet, eh sie Bombay erreichen

Freut mich, euch zu sehen, hoffe, ihr erratet
meinen Namen
Aber was euch verwirrt, ist der Sinn meines
Spiels

Fast jeder Polizist ist ein Krimineller
Und all die Sündigen sind Heilige
Wie Köpfe Schwänze sind, nennt mich also
Luzifer
Denn ich brauche etwas Erholung, drum
Wenn ihr mich trefft, seid höflich
Habt etwas Sympathie und etwas Anstand
Setzt eure gutgelernte Höflichkeit ein
Oder ich verwirre eure Seelen

Freut mich, euch zu sehen, hoffe, ihr erratet
meinen Namen
Aber was euch verwirrt, ist der Sinn meines
Spiels

Street Fighting Man

Ev'rywhere I hear the sound of marching
charging feet, oh boy
'Cause summer's here and the time is right for
fighting in the street, oh boy
But what can a poor boy do
Except to sing for a rock'n roll band
'Cause in sleepy London town
There's just no place for street fighting man!
No!

Hey! Think the time is right for a palace
revolution
But where I live the game to play is
compromise solution!
Well, then, what can a poor boy do
Except to sing for a rock'n roll band
'Cause in sleepy London town
There's just no place for street fighting man!
No!

Hey! Said my name is called disturbance
I'll shout and scream, I'll kill the king, I'll rail at
all his servants
Well, what can a poor boy do
Except to sing for a rock'n roll band
'Cause in sleepy London town
There's just no place for street fighting man!
No!

Straßenkämpfer

Überall höre ich den Schall marschierender,
angreifender Füße, oh Junge
Denn der Sommer ist da und die Zeit ist reif für
Straßenkämpfe, oh Junge
Aber was kann ein armer Junge tun
Außer in einer Rock'n'Roll-Band zu singen
Denn in der schlafenden Stadt London
Ist kein Platz für Straßenkämpfer!
Nein!

Hey, denke, die Zeit ist reif für eine
Palastrevolution
Aber da, wo ich lebe, sind Kompromisse das
Spiel, das man spielt!
Nun, also, was kann ein armer Junge tun
Außer in einer Rock'n'Roll-Band zu singen
Denn in der schlafenden Stadt London
Ist kein Platz für Straßenkämpfer!
Nein!

Hey! Sagte, mein Name heißt Aufruhr
Werde schrein und kreischen, den König töten,
alle seine Diener verfluchen
Also, was kann ein armer Junge tun
Außer in einer Rock'n'Roll-Band zu singen
Denn in der schlafenden Stadt London
Ist kein Platz für Straßenkämpfer!
Nein!

den bestehenden gesellschaftlichen Verhältnissen deutlich machten und in Demonstrationen, Krawallen und ähnlichen Formen ihren Ausdruck fanden, war diese Zeit doch für die Beteiligten und für die Generation, der sie angehörten, subjektiv revolutionär geprägt.

Wohl noch stärker als der Text regt die Musik des Liedes durch ihre aggressive und kämpferische Spielweise dazu an, den Song als eine Aufforderung zum Mitkämpfen aufzufassen.

»Parachute Woman« war ein weiterer Titel auf »Beggars Banquet«, der achten LP der Stones, deren Plattenhülle von Charlie Watts gestaltet wurde. In ihm ebenso wie in »Stray Cat Blues« der verschwommene Versuch, bloße Sexualität als unmoralische Erscheinung dieser (kapitalistischen) Gesellschaft abzutun. »Jig-Saw Puzzle« erzählt von einem Landstreicher ohne Lebensperspektive, »Prodigal Son« vom jugendlichen Aussteiger ...

Für die Stones tatsächlich eine politische Platte. Sie hätte ein künstlerischer Neubeginn werden können.

Offensichtlich paßte allerdings den Managern außer der harten Spielweise nichts an dieser Produktion. So initiiert man schnell ein Comeback alter Prägung: Ende 1968 beginnen die Produktionen für die weltweit konzipierte TV-Sendung »The Rolling Stones Rock'n' Roll-Show«. Beliebte, vor allem US-amerikanische Stars, Clowns und Artisten wirken in dem »Stones-Zirkus« (im wahrsten Sinne des Wortes!) mit. Show-Business ja. Aber keine politischen Stones! Man hatte sowieso Sorgen mit Mick Jagger.

Sein politisches Interesse paßte nicht so recht in das für ihn aufgebaute Image eines Rockidols. Ausgerüstet mit Wissen von seinem Ökonomiestudium stieß er zu Studentenzirkeln der Londoner Universität. Nächtelang diskutierte er dort über Thesen von Marx, Engels und Lenin. Vor allem die Entlarvung des imperialistischen Krieges durch Lenin fand das Interesse Jaggers. So war es fast ein logischer Schritt für ihn, an den Massendemonstrationen zehntausender Jugendlicher vor der Londoner USA-Botschaft gegen den schmutzigen Krieg der Amerikaner in Vietnam teilzunehmen.

Die Zirkus-Show bildete eine willkommene Gelegenheit, das andere Stonesbild auszubauen; zumal findige Journalisten Jagger bei seinen politischen Demonstrationen natürlich mit der notwendigen Publicity ausgeschlachtet hatten.
Der Zirkus also bot den Stones-Alltag: Stone Keith Richard und Beatle John Lennon in einer Show-Nummer, Jagger als Ringrichter verkleidet. Schwarze Magie und Rock wurde geboten.

Das schwarze Jahr 1969

Im ersten Halbjahr 1969 begann es bei den Stones zu bröckeln. Vor allem zwischen dem revoluzzenden und ab und zu haschenden Jagger (im Mai wird er in seiner Londoner Wohnung wiederum wegen Besitz von Rauschgift festgenommen) und Brian Jones, der dem Rauschgift völlig verfallen ist und mit seinen Orgien die Schlagzeilen der Boulevardpresse füllte, gab es öfters Streit. Die anderen drei Stones nahmen dabei für Brian Partei. Letztlich bekam Jagger stets die Oberhand, weil vor allem Keith Richard als Mitautor vieler Titel auf ihn angewiesen war. Außerdem sah man das Lennon-Angebot an Brian nicht gern, bei den Beatles in einigen Plattenproduktionen Saxophon zu blasen.

Dabei wollte, wie er selbst äußerte, Lennon dem Kollegen nur über das psychische Tief hinweghelfen, ihm neue Erfolgserlebnisse ermöglichen. Auch Jagger versuchte, Brians gesundheitlichen Verfall aufzuhalten. Er tat dies allerdings auf eigenwillige Weise, er heuerte für Brian einen Chauffeur an, der darauf achten sollte, daß dieser kein Rauschgift nimmt.

Zu den Plattenproduktionen des Jahres 1969 gehört die Langspielplatte »Let It Bleed«, auf ihr der gleichnamige Titel sowie der über die LP hinaus bekannte Song »Midnight Rambler«, ein ganz in der musikalischen Tradition der Gruppe stehender Song.

Let It Bleed

Well we all need someone we can lean on
And if you want it well you can lean on me
Well we all need someone we can lean on
And if you want it well you can lean on me

She said ›My breasts they will always be open
Baby you can rest your weary head on me
And there will always be space in my parking lot
When you need a little coke and sympathy‹

Laß es bluten

Also, wir brauchen alle einen, an den wir uns halten können
Und wenn du willst, dann halte dich an mich
Nun, wir brauchen alle jemand, an den wir uns halten können
Und wenn du willst, dann halte dich an mich

Sie sagte »Meine Brüste stehn immer zur Verfügung
Baby, du kannst deinen müden Kopf anlehnen
Und es wird immer Raum in meinem Parkplatz sein
Wenn du etwas Coke und Zuneigung brauchst«

→

Yeah we all need someone we can dream on
And if you want it well you can dream on me
Yeah we all need someone we can cream on
And if you want it well you can cream on me

I was dreaming of a steel guitar engagement
When you drink my health in scented jasmine tea
You knifed me in my dirty filthy basement
With that jaded fades junky nurse oh what plessant company

We all need someone we can feed on
And if you want it well you can feed on me
Take my arm take my leg
Oh, baby, don't you take my head

We all need someone we can bleed on
And if you want it why don't you bleed on me
We all need someone we can bleed on
And if you want it, baby, well you can bleed on me

Get it on rider
Get it on rider
Get it on rider you can bleed all over me

Yeah, wir brauchen alle einen, von dem wir träumen können
Und wenn du willst, dann kannst du von mir träumen
Yeah, wir brauchen alle einen, bei dem wir absahnen können
Und wenn du willst, dann sahn doch ab bei mir

Ich träumte von einem Engagement als Steel-Gitarrist
Während du parfümierten Jasmintee auf mein Wohl trankst
Du betrogst mich in meiner dreckigen, schmutzigen Erdgeschoßbude
Mit dieser ermüdeten, verwelkten Junky-Schwester, oh, welch angenehme Gesellschaft

Wir brauchen alle einen, den wir versorgen können
Und wenn du willst, dann kannst du mich versorgen
Nimm meinen Arm, nimm mein Bein
Oh, Baby, nimm mir nicht meinen Kopf

Wir brauchen alle einen, auf den wir bluten können
Und wenn du willst, warum blutest du nicht auf mich
Wir brauchen alle jemand, auf den wir bluten können
Und wenn du willst, Baby, dann blute auf mich

Komm rüber
Komm rüber
Komm rüber, du kannst über mich bluten

Midnight Rambler

Did you hear about the midnight rambler?
Ev'rybody got to go
Did you hear about the midnight rambler?
The one that shut the kitchen door?

He don't give a hoot of a warning
A-wrapped up in a black cat cloak
He don't go in the light of the morning
He's split the time the cook'rel crows

Atalking 'bout the midnight gambler
The one you never seen before
A-talking 'bout the midnight gambler
Did you see him jump the garden wall?

Mitternachtsschwärmer

Schon mal was vom Mitternachtsschwärmer gehört?
Dem sollte jeder aus dem Weg gehn
Schon mal was vom Mitternachtsschwärmer gehört?
Von dem, der die Küchentür zuschlug?

Der gibt nicht das geringste Warnsignal
Hüllt sich in einen schwarzen Katzenmantel
Der geht nicht in das Licht des Morgens
Verschwindet, wenn die Hähne krähn

Sie reden vom Mitternachtsspieler
Von dem, den du nie vorher sahst
Sie reden vom Mitternachtsspieler
Hast du ihn über die Gartenmauer springen sehn?

A-sighing down the wind so sadly
A-listen and you hear him moan
Well, I'm a-talking 'bout the midnight gambler
Ev'rybody got to go

A-did you hear about the midnight rambler?
Well, honey, it's no rock and roll show
Well, I'm talking 'bout the midnight rambler
Yeah, the one you never seen before

Well, you heard about the Boston Strangler
It's not one of those ...
Well, talking 'bout the midnight rambler
The one who closed the bedroom door

I'm called the hit-and-run-raper in anger
The knife scharpened tippytoe
Or just the shoot'em dead brain bell jangler
You know, the one you never seen before

So if you ever meet the midnight rambler
Padding down your marble hall
Well, he's prowling like a proud black panther
You can say I told you so

Well, won't you listen for the midnight rambler
Play it easy as you go
I'm going to smash down your plate glasse windows
Put a first right thru' your plate door

Did you hear about the midnight rambler?
He'll leave his footprints up and down your hall
A-did you hear about the midnight gambler?
A-did you see me make my midnight call?

And if you ever catch the midnight rambler
I'll steal your mistress form under your nose
Well, go easy with your cold fandango
I'll stick my knife right down your throat, baby and it hurts!

Wie seufzt der Wind so kläglich
Du hörst ihn stöhnen, wenn du lauschst
Nun, ich rede über den Mitternachtsspieler
Dem sollte jeder aus dem Weg gehn

Schon mal was vom Mitternachtsschwärmer gehört?
Also, Süße, das ist keine Rock and Roll-Show
Nun, ich rede über den Mitternachtsschwärmer
Yeah, von dem, den du nie vorher sahst

Schön, hast du schon mal vom Würger von Boston gehört?
Aber er ist keiner von diesen
Nun, ich rede über den Mitternachtsschwärmer
Von dem, der die Schlafzimmertür verschloß

Ich werde der Schlag-zu-renn-weg-Schänder genannt
Der Schleicher mit dem scharfen Messer
Oder einfach der Schütze, bei dem die Gehirn-Glocken läuten
Weißt schon, der, den du vorher nie sahst

Wenn du jemals den Mitternachtsschwärmer triffst
Wie er durch deine Marmorhalle schleicht
Vagabundierend wie ein stolzer schwarzer Panther
Dann wirst du eingestehn: ich habs dir gesagt

Gut, hör doch auf den Mitternachtsschwärmer
Versuch es aber leicht zu nehmen
Ich schlag dir deine Panzerglasfenster kaputt
Und stecke eine Faust mitten durch deine Stahlpanzertür

Schon mal was vom Mitternachtsschwärmer gehört?
Überall in deinem Flur wird er seine Fußabdrücke hinterlassen
Schon mal was vom Mitternachtsspieler gehört?
Sahst du mich bei meinem Mitternachtsbesuch?

Und wenn du je den Mitternachtsschwärmer fängst
Dann hol ich dir die Frau unter der Nase weg
Also Vorsicht mit deinem kalten Fandango
Sonst steck ich dir mein Messer durch die Kehle, Baby, und das tut weh!

Brian Jones wurde immer desinteressierter an der Arbeit der Stones. Als es dann zu einem Streit über musikalische Auffassungen zu Plattenproduktionen kam (Brian hatte offensichtlich die Auseinandersetzung mit Jagger auf diesen Fakt hingedrängt, um mit künstlerischen Auffassungen von Vorwürfen über seine Lebensweise, wogegen

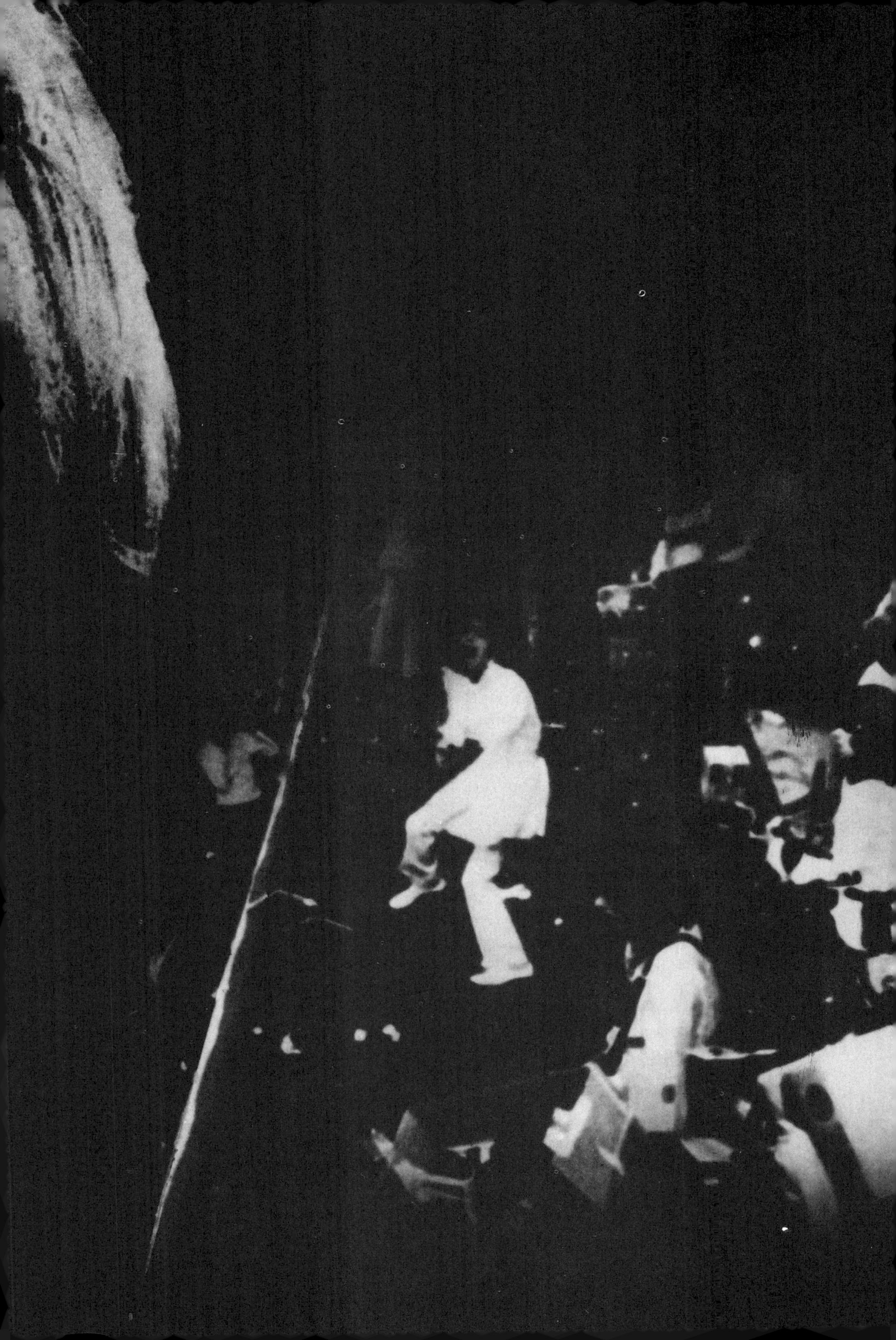

er schlecht Argumente gehabt hätte, abzulenken), war der Bruch perfekt. Brian ging noch in die propagandistische Offensive: Er erklärte am 9. Juni 1969 der Presse, daß er sich mit den Stones-Platten nicht mehr identifizieren könne und deshalb aus der Gruppe austrete.

Nun sind die »restlichen« vier Stones am Zuge: Für den 13. Juni 1969, 14.30 Uhr wird die englische Presse in den Londoner Hyde Park eingeladen. Auf der dortigen Freilichtbühne wird der neue Mann vorgestellt: Mick Taylor (geboren am 17. 1. 1949 in Welwyn Garden City, Heartfordshire), der begabte und bekannte Gitarrist von »John Mayalls Blues Breakers«. Ein großer, gutaussehender junger Mann präsentiert sich auf der weltbekannten Freilichtbühne den Pressefotografen. Bereitwillig gibt das neue Quintett den Journalisten Antwort auf ihre Fragen.

Mick Taylor wurde von seinem Vater, einem Monteur in der Luftfahrtindustrie, zur Musik gebracht, als die Eltern den fast schüchtern zu nennenden Jungen in ein Bill-Haley-Konzert mitnahmen. Sein größter Wunsch danach: eine Gitarre! Der Wunsch wurde ihm erfüllt, und mit vierzehn Jahren spielte er bereits in einer Band. Mick entwickelte sich zu einem hervorragenden Gitarristen und Blues-Spezialisten. Sein Eintritt bei den Rolling Stones war allerdings eher ein Zufall. Micks Bandchef John Mayall hatte von den Problemen der Gruppe gehört und ihn vermittelt.

Tag und Nacht wird geprobt. Man will am 5. Juli 1969 mit einem Konzert vor etwa einer viertel Million Menschen im Hyde Park starten. Lange Zeit war man nicht in England zu sehen und zu hören. Und doch haben die vier Alt-Stones Bedenken. Vielleicht würde es zu Zwischenfällen kommen. Fans von Brian Jones könnten ihrem Unmut über die Neubesetzung Ausdruck geben. Obwohl allgemein klar ist, daß der neue Gitarrist Brian künstlerisch in nichts nachsteht, könnten die Vermutungen, die vier hätten Brian gequält und vertrieben, wieder laut werden. Also spekuliert man mit dem Gedanken, Brian gegen gutes Geld zu bitten, bei der Premiere der neuen Besetzung als Gast mitzuspielen. Doch es kam anders.

In den Frühnachrichten des 3. Juli 1969 meldete BBC den Tod des Ex-Stones Brian Jones. Es ist hier nicht der Platz, sich in die breite Palette von Vermutungen der Boulevardpresse und ihrer »glaubhaften Zeugen«, die von Selbstmord bis Mord sprachen, einzuordnen. Dies sind die amtlichen Fakten aus dem Polizeibericht: Am Abend des 2. Juli 1969 feierten Brian Jones, seine 21jährige Freundin, die schwedische Krankenschwester Anna Wohlin, der Bauunternehmer Frank Thorogood und dessen Freundin sowie die Krankenschwester Janet Lawson in Brians Haus, in Heartfield (Essex) eine Party. Wie immer, floß der Alkohol in Strömen. Beruhigungspillen habe man genommen. Außer Janet Lawson gehen alle in den Swimmingpool baden. Anna wird zum Telefon gerufen; später folgt ihr Thorogood und steigt aus dem Swimmingpool. Danach geht Janet Lawson heraus und schreit, Brian liege auf dem Grund. Anna springt ins Becken und holt den leblosen Körper heraus. Sie beginnt mit der Mund-zu-Mund-Beatmung. Janet betreibt Herz-Brustkorb-Massagen. Es ist kurz vor Mitternacht, als der Rettungswagen eintrifft. Der Arzt kann nur noch den Tod feststellen. Am Beckenrand findet man eine Spraydose mit einem Asthmamedikament. Auf Grund des Gutachtens des Pathologen Dr. Albert Sachs, der ein verfettetes und schwaches Herz und eine nicht regelmäßig arbeitende Leber attestiert, entscheidet der amtliche Leichenbeschauer, der Richter Angus Sommerville, auf Tod durch Ertrinken unter dem Einfluß von Alkohol und Medikamenten. Ein Unfall.

Am 10. Juli 1969 wird Brian in seiner Heimatstadt Cheltenham beigesetzt. Unter den Trauergästen seitens der Stones Keith Richard, Bill Wyman und Charlie Watts. Aus einem selbstgeschriebenen Totengedicht von Brian wird zitiert, in dem er die Bitte an die Hinterbliebenen äußert, nicht zu hart über ihn zu urteilen.

Nun bekommt das geplante Freilichtkonzert am 5. Juli 1969 im Hyde Park einen neuen publizistischen Akzent. Es wird zum Gedenkkonzert für Brian Jones erklärt.

Let's Spend The Night Together

Don't you worry 'bout what's on your mind, oh, my
I'm in no hurry I can take my time, oh, my
I'm going red and my tongue's gettin tied
I'm off my head and my mouth's getting dry
I'm high, but I try, try, try, oh my
Let's spend the night together
Now I need you more than ever
Let's spend the night together now

I feel so strong that I can't disguise
Oh my, let's spend the night together
But I just can't apologize
Oh no, let's spend the night together
Don't hang me up and don't let me down
We could have fun just groovin' around
Around and around oh my my
Let's spend the night together
Now I need you more than ever
Let's spend the night together
Let's spend the night together
Now I need you more than ever

You know I'm smiling, baby
You need some guiding, baby
I'm just deciding, baby
Now I need you more than ever
Let's spend the night together
Let's spend the night together now
(This doesn't happen to me ev'ry day
Oh my let's spend the night together
No excuses offered anyway
Oh my let's spend the night together
I'll satisfy your ev'ry need
And now I know you will satisfy me
Oh my my my oh my
Let's spend the night together
Now I need you more than ever
Let's spend the night together now ...)

Laß uns die Nacht zusammensein

Mach dir keine Sorgen über das, was du denkst
Ich bin nicht in Eile, ich kann meine Zeit einteilen
Ich werde heiß und meine Zunge wird schwer
Bald flippe ich aus und mein Mund wird trocken
Ich bin high, aber ich will, will, oh my
Laß uns die Nacht zusammensein
Jetzt brauch ich dich mehr als zuvor
Laß uns die Nacht zusammensein

Ich kann nicht verbergen, daß ich mich so stark fühl
Oh, my, laß uns die Nacht zusammensein
Doch dafür kann ich mich nicht entschuldigen
Oh nein, laß uns die Nacht zusammensein
Laß mich nicht hängen, laß mich nicht fallen
Wir könnten grad in Höchstform Spaß haben

Einfach so, einfach so, oh my my
Laß uns die Nacht zusammensein
Jetzt brauch ich dich mehr als zuvor
Laß uns die Nacht zusammensein

Du weißt, wie ich lächle, Baby
Du brauchst einen Wegweiser, Baby
Ich bin sicher, Baby
Jetzt brauch ich dich mehr als zuvor
Laß uns die Nacht zusammensein
Laß uns die Nacht zusammensein

(Das geht mir nicht jeden Tag so
Oh my, laß uns die Nacht zusammensein
Da gibts keine Ausrede
Laß uns die Nacht zusammensein
Alles, was du brauchst, geb ich dir
Und ich weiß, daß du mir alles gibst
Oh my, my, my, oh my
Laß uns die Nacht zusammensein
Jetzt brauch ich dich mehr als zuvor
Laß uns die Nacht zusammensein ...)

Die Stones waren gut beraten, als sie der Empfehlung der Londoner Polizei folgten, den Weg zum Auftrittsort in einem gepanzerten Wagen zurückzulegen. Immerhin waren 250000 Menschen gekommen. Unter ihnen Fans, Fanatiker, hysterisch um Brian Trauernde und nicht wenige, die kaum Interesse für Musik zeigten – Provokateure. Als der Panzerwagen entdeckt wurde, versucht man, ihn zu stürmen. Er erreicht die Bühne. Sie ist mit großen Postern des Verunglückten dekoriert.

Dann begann die Comeback-Show der Stones in England. Sprechchöre auf Brian, zu Tausenden schluchzende Mädchen. Immer wieder heizten die Stones die Hysterie an. Man konnte aus dem tragischen Tod des Ex-Stones Kapital schlagen. Zum Abschluß der Show ließen die Stones für ihren toten Kameraden, den »Schmetterling«, wie sie ihn oft nannten, hunderte Schmetterlinge aufsteigen. Doch wie makaber – die meisten stürzten nach einigen Flugmetern tot auf die

Musiker herab. In der Hitze waren sie zu lange in Pappschachteln eingesperrt gewesen.
Und dennoch, das Monsterkonzert Londons lief ohne Krawalle über die Bühne.
Interessante Plattenproduktionen schließen sich an: Im September 1969 erscheint »Through The Past, Darkly (Big Hits Volume 2)«, eine Platte in memoriam Brian Jones. Sie enthält bekannte Titel, die Brian mitproduziert hatte. Darunter der »Country Honk«, eine originelle Neufassung von »Honky Tonk Women« in musikalisch interessantem Countrystil, sowie die bereits 1967 als Single erschienenen Titel »Let's Spend The Night Together« und »Ruby Tuesday«.
Kurios ist, daß der in England gut plazierte Titel »Let's Spend The Night Together« seinerzeit in den USA nur bis auf Platz 55 der Hitparade gelangte. Amerikanische Frauenverbände hatten allerdings gegen die »anstößige« Titelzeile des Liedes eine Kampagne veranstaltet, die nicht ohne Wirkung blieb.
Musikalisch kommt der Titel trotz seiner Melodiebreite über den Anspruch eines Tagesschlagers nicht hinaus. Interessant sind die unterschiedlichen Vokaldifferenzierungen.

Ruby Tuesday

She would never say where she came from
Yesterday don't matter if it's gone
While the sun is bright or in the darkest night
No one knows, she comes and goes
Goodbye, Ruby Tuesday
Who could hang a name on you
When you change with ev'ry new day
Still I'm gonna miss you

Don't question why she needs to be so free
She'll tell you it's the only way to be
She just can't be chained to a life where nothing's gained
And nothing's lost, at such a cost
Goodby, Ruby Tuesday
Who could hang a name on you
When you change with ev'ry new day
Still I'm gonna miss you

»There's no time to lose«, I hear her say
Cash your dreams before they slip away
Dying all the time lose your dreams and you
Will lose your mind, ain't life unkind?
Goodby, Ruby Tuesday
Who could hang a name on you
When you change with ev'ry new day
Still I'm gonna miss you

Goodby, Ruby Tuesday
Who could hang a name on you
When you change with ev'ry new day
Still I'm gonna miss you

Ruby Tuesday

Sie würde nie sagen, wo sie herkommt
Gestern zählt nicht, wenns vorbei ist
Ob Sonne scheint, ob in der dunkelsten Nacht
Es weiß keiner: Sie kommt und geht
Goodby, Ruby Tuesday
Wer könnte dir was Schlechtes anhängen?
Du änderst dich mit jedem neuen Tag
Und trotzdem werd ich dich vermissen

Frag nicht, warum sie so frei sein muß
Das ist die einzige Möglichkeit, würde sie sagen:
Es ist doch kein Leben, wenn nichts zu gewinnen
Und nichts zu verlieren ist
Goodby, Ruby Tuesday
Wer könnte dir was Schlechtes anhängen?
Du änderst dich mit jedem neuen Tag
Und trotzdem werd ich dich vermissen

Es ist keine Zeit zu verliern, hör ich sie sagen
Mach die Träume wahr, eh sie weg sind
Wenn du stirbst und verlierst sie alle oder
Nur den Verstand, wär das Leben nicht beschissen?
Goodby, Ruby Tuesday
Wer könnte dir was Schlechtes anhängen?
Du änderst dich mit jedem neuen Tag
Und trotzdem werd ich dich vermissen

Goodby, Ruby Tuesday
Wer könnte dir was Schlechtes anhängen?
Du änderst dich mit jedem neuen Tag
Und trotzdem werd ich dich vermissen

»Ruby Tuesday« ist ein romantisches Lied, in dem ein Junge sein Mädchen verstehen will, aber sie möchte auf ihre Weise frei sein. Die Textaussage gewinnt durch die musikalische Struktur des Songs. Kunstvoll wird eines der Lieblingsinstrumente der Rolling Stones eingesetzt: die Flöte.

Geschäftsfördernd: ein ungewöhnlicher Einfall. Die Stones produzieren eine unverkäufliche Platte in einer Auflage von 200 Exemplaren: »The Promotional Album«.
Sammler vergleichen und handeln dieses Exemplar in Kaufnähe einer blauen Mauritius, schrieb Jahre später ein Publizist. Gedacht war sie, so die Herausgeber, für Rundfunkstationen in aller Welt, die mit diesen 14 Songs eine musikalische Stones-Geschichte in die Hände bekommen sollten. Merkwürdigerweise gerieten sie kaum auf die Plattenteller von Sendern, sondern in Sammlerhände. Auch eine Form von Publicity! Und die wurde gebraucht, zumal die in England erscheinende Popzeitung »Rolling Stone« ihr Erscheinen einstellte. Laut Jagger wegen mangelnder Zeit, sich um die Redaktion zu kümmern. Aber hinter vorgehaltener Hand erfuhr man von roten Zahlen.

Nach zweijähriger Pause, ab November 1969, nunmehr in neuer Besetzung – wieder eine große Tournee: Die sechste nach Nordamerika. Sie sollte den Begriff »schwarzes Jahr« ebenfalls bestätigen. Es gab den ersten Toten bei einem Konzert. Auf der Autorennbahn in Altamont (Kalifornien) wird am 6. Dezember bei den Krawallen der achtzehnjährige Schwarze Meredith Hunter von den Ordnern erstochen.
Er hätte mit dem Revolver hantiert, heißt es. Zuschauer bestätigen aber später, daß bei den Krawallen die Ordner besonders brutal gegen das jugendliche Publikum vorgingen. Eine demokratische Bürgerinitiative, die das spektakuläre Stones-Konzert untersuchte, brachte die Wahrheit an den Tag.
Der junge Farbige war mit einer weißen Freundin zum Konzert gekommen. Das paßte den von Rassenwahn aufgehetzten Rowdys nicht. Sie provozierten eine Auseinandersetzung. Erst nach einem brutalen Messerstich in den Rücken zog der Junge einen Revolver. Weitere Fakten aus den Untersuchungen der Bürgerinitiative: Die städtische Polizeibehörde hatte wegen der technischen Bedingungen vor dem Konzert gewarnt. Man forderte ein höheres Bühnenpodest und Imbißstände sowie Möglichkeiten der polizeilichen Absperrung. Diese Baumaßnahmen hätten jedoch zwei bis drei Tage in Anspruch genommen. Also setzten sich die am Profit interessierten Veranstalter durch. In ihrer großspurigen Art ließen die Stones die Hörer fast 90 Minuten warten. Bei ziemlicher Kühle, ohne Essen und warme Getränke.
Die angeheuerten Ordner, die Hell's Angels, dunkle Gestalten, machten sich auf ihre Weise warm. Sie provozierten Auseinandersetzungen wegen Bagatellen. Ein fanatischer nackter Mann, der auf die Bühne kletterte, wurde mißhandelt – man brach ihm mit Stiefeltritten den Kiefer. Ein ebenfalls nacktes Mädchen wurde wie ein Gegenstand brutal von der Bühne geworfen. Und weiter in dem Bericht: dem schwerverletzten Hunter wurde keinerlei Hilfe gegeben. Im Gegenteil – er wurde am Boden gelyncht.
Die Stones spielten weiter. Sie heizten eine halbe Million Menschen in unverantwortlicher Art und Weise mit Songs und Texten auf. Selbst, als Rowdys mit Motorrädern in Menschengruppen fuhren! Drei weitere Tote waren das Ergebnis dieser Massenpsychose: Der junge John Dole ertrank in einem Bewässerungskanal, in den er während des Tumultes geraten war. Zwei Zweiundzwanzigjährige saßen an einem Lagerfeuer und wurden von einer Limousine überfahren. 300 Verletzte und 50000 Dollar Sachschaden gehörten zur Bilanz.
Das Makaberste: Die Stones ließen alles – auch den Rassenmord – filmen. Für einen späteren Stones-Film! Es sollte der Höhepunkt des Filmes werden. Das »größte« Konzert der Welt mit der »größten Rockband der Welt«. Noch etwas war groß bei dieser Tournee: Die Einnahmen für die Stones pro Konzert von 180000–275000 Dollar! Die Mißachtung der Öffentlichkeit erreichte

bei einer Pressekonferenz in New York ihre Spitze. Dort prügelten Kellner auf Veranlassung des sich durch Millionenrausch allmächtig fühlenden Mick Jagger auf die Journalisten ein.
Von Jaggers progressivem Ansatz früherer Jahre war nichts mehr zu spüren. Es gab nur wenige, die den Stones Widerstand leisteten. So die Direktoren der weltberühmten Royal Albert Hall, die den Auftritt in ihrem Objekt untersagten.

Das Konzert in Altamont sollte ein gerichtliches Nachspiel haben. Aber nicht des Mordes an dem jungen Meredith Hunter wegen. Der war längst vergessen. Nein, die Stones klagten im Jahre 1970 wegen Vertragsbruch und Betrug, weil sie kurzfristig auf diese Rennbahn umziehen mußten. Sie forderten 10 Millionen Dollar Schadenersatz. Das brachte Kalifornische Farmer auf den Plan. Sie leiteten eine Gegenklage wegen Landbeschädigung bei dem bewußten Konzert ein. Streitwert: 1 Million Dollar. Wie immer – ein Vergleich war die Folge.

Die brutalen Siebziger

... könnte man das neue Jahrzehnt der Stones bezeichnen. Die Fünf waren – gut beraten durch ihre Manager – voll im kapitalistischen Showgeschäft verankert.
Mit geringstem Aufwand sollten die größten finanziellen und künstlerischen Erfolge erzielt werden.
So starteten sie jährlich nur noch eine Großtournee (ausgenommen zwei Tourneen 1973). Das trieb den Preis für die Veranstalter hoch.
Im Juli 1970 wurde der Vertrag mit Decca beendet. Die Produktionen liefen in dieser Firma in der Folgezeit aus. Lapidar teilten die Stones ihrem Geschäftsführer Allen Klein mit, daß er für die Gruppe keine Plattenproduktionsverträge mehr abschließen dürfe. Mit diesen Aktivitäten setzten in verschiedenen Ländern Schwarzpressungen von Stones-Platten ein, die der Publicity der Gruppe äußerst dienlich waren. Vermutungen über ein abgekartetes Spiel sind nicht ganz abwegig.

1970 hatten die Rolling Stones vertragsgemäß einen Titel bei ihrer ehemaligen Plattenfirma Decca abzuliefern. Sie schufen den »Cocksucker Blues«, den die Firma wegen absoluter Schweinerei – so die offiziellen Pressekommentare – nicht veröffentlichte.
Sein Text ist bislang nur in eine Textsammlung aufgenommen worden. Diese »Rache« der Stones soll eine Idee des Direktors der stoneseigenen Plattenfirma »Rolling Stones Records«, Eric Clapton, gewesen sein.
Im Herbst 1970 geht es wieder einmal – nach drei Jahren – auf eine Westeuropatournee.
Start ist im September 1970 in Finnland; es folgen Schweden, Dänemark, BRD, West-Berlin, Frankreich, Österreich, Italien, noch einmal Frankreich, BRD und im Oktober zum Abschluß Holland. Auch bei dieser Tournee die üblichen Krawalle. Besonders problematisch wird der Auftritt in der Hamburger Ernst-Merck-Halle. Skrupellose Geschäftemacher hatten falsche Eintrittskarten gedruckt. Es kommt zu Zusammenstößen zwischen enttäuschten und betrogenen Fans und der Polizei.
Ein Jahr nach dem Mord in Kalifornien verklagt die Mutter von Meredith Hunter die Stones. Die Klage wird abgewiesen. Monate später findet ein Prozeß gegen den »Ordner«, der die tödlichen Stiche abgab, statt. Freispruch. Dieser verklagt die Rolling Stones daraufhin wegen Beleidigung, da sie die Tat in dem Film »Gimme Shelter« detailliert zeigen lassen. Er fordert 20000 Pfund Schadenersatz.
Kurz vor der nach langen Jahren überfälligen Englandtournee im März 1971 verlegen die Stones aus steuerrechtlichen Gründen ihren Wohnsitz nach Frankreich.
Gleichzeitig wird bekannt, daß Mick Jagger in die Liste der hundert bestgekleideten Herren aufgenommen wurde.

Während der Englandtournee werden wieder Schlagzeilen benötigt. Bei einer Veranstaltung vor geladenen Gästen wirft Keith Richard dem Besitzer des Marquee-Clubs die Gitarre an den Kopf.

Ein neues Kapitel Plattengeschichte wird eingeläutet: Nach der Trennung von Decca 1970 unterzeichneten die Stones einen Vertrag mit Kinney Services Inc. und vergeben die Weltrechte. Firmierung: Rolling Stones Records. Auch inhaltlich werden neue Töne angeschlagen. Rassismus, Sex, Drogengebrauch, Verseuchung der Umwelt – all' das wird angesprochen und mehr oder weniger positiv dargestellt.
Die Langspielplatte »Sticky Fingers« zeigt diese Tendenzen deutlich. Auf ihr sind Songs wie »Brown Sugar« oder »Dead Flowers«. »Moonlight Mile« ist eine Gebrauchsanweisung für den Rauschgift-Trip. »Sister Morphine« – gleiches Thema. Alle Titel auf einer Platte, von der behauptet wurde, daß »man für eine Woche auf die Reise geht, wenn man nur am Plattenumschlag riecht«. Versuche, diese Titel als Antidrogensongs zu bewerten, erweisen sich als ziemlich billige Propaganda.

Brown Sugar

Gold coast slave ship
Bound for cotton fields
Sold in a market
Down in New Orleans
Scarred old slaver know
He's doin' alright
Hear him whip the women
Just around midnight

Brown sugar, how come you taste so good
Brown sugar, just like a young girl should

Drums beating
Cold English blood runs hot
Lady of the house wondrin'
Where it's gonna stop
House boy knows
That he's doin' alright
You should a-heard him
Just around midnight

Brown sugar, how come you taste so good?
Brown sugar, just like a black girl should

I bet your mama was
A tent show queen
And all her girl friends
Were sweet sixteen
I'm no schoolboy
But I know what I like
You should have heard me
Just around midnight

Brown sugar, how come you taste so good?
Brown sugar, just like a young girl should

Brauner Zucker

Goldküstensklavenschiff
Mit Fracht für die Baumwollfelder
Verkauft auf dem Markt
Unten in New Orleans
Der narbige alte Sklavenhändler weiß
Er machts schon richtig
Hör ihn die Frauen verprügeln
Gerade gegen Mitternacht

Brauner Zucker, wieso schmeckst du so gut?
Brauner Zucker, grad wie ein junges Mädchen

Trommeln dröhnen
Kaltes englisches Blut wird heiß
Die Dame des Hauses wundert sich
Wo soll das enden?
Der Hausdiener weiß
Daß ers schon richtig macht
Du hättest ihn hören sollen
Gerade gegen Mitternacht

Brauner Zucker, wieso schmeckst du so gut?
Brauner Zucker, grad wie ein schwarzes Mädchen

Ich wette, deine Mama war
Die Königin einer Zelt-Schau
Und alle ihre Freundinnen
Waren süße Sechzehnjährige
Aber ich bin kein Schuljunge
Und ich weiß was ich will
Hättest du mich nur gehört
Gerade gegen Mitternacht

Brauner Zucker, wieso schmeckst du so gut?
Brauner Zucker, grad wie ein junges Mädchen

Dead Flowers

Well when you're sitting there
In your silk upholstered chair
Talking to some rich folk that you know
Well I hope you won't see me
In my ragged company
You know I could never be alone

Take me down, little Susie, take me down
I know you think you're the queen of the underground
And you can send me dead flowers every morning
Send me dead flowers by the mail
Send me dead flowers to my wedding
And I won't forget to put roses on your grave

Well when you're sitting back
In your rose pink cadillac
Making bets on Kentucky Derby Day
I'll be in my basement room
With a needle and a spoon
And another girl can take my pain away

Take me down, little Susie, take me down
I know you think you're the queen of the underground
And you can send me dead flowers every morning
Send me dead flowers by the mail
Send me dead flowers to my wedding
And I won't forget to put roses on your grave

Take me down, little Susie, take me down
I know you think you're the queen of the underground
And you can send me dead flowers every morning
Send me dead flowers by the US mail
Say it with dead flowers at my wedding
And I won't forget to put roses on your grave
No I won't forget to put roses on your grave

Tote Blumen

Nun, wenn du dasitzt
In deinem seiden ausgepolsterten Sessel
Redest mit dem reichen Volk, das du kennst
Dann, hoffe ich, siehst du mich nicht
In meiner Lumpengesellschaft
Du weißt, ich konnte nie allein sein

Nimm mich mit, kleine Susie, nimm mich mit
Ich weiß, du denkst, du bist die Königin des Untergrunds
Und kannst mir jeden Morgen tote Blumen schicken
Schick mir tote Blumen mit der Post
Schick mir tote Blumen zur Hochzeit
Dann werd ich nicht vergessen, Rosen auf dein Grab zu stellen

Also, wenn du dich zurücklehnst
In deinem rosenroten Cadillac
Wetten machst beim Kentucky Derby Tag
Bin ich in meinem Kellerraum
Mit der Nadel und dem Löffel
Und ein anderes Mädchen nimmt mir den Schmerz weg

Nimm mich mit, kleine Susie, nimm mich mit
Ich weiß, du denkst du bist die Königin des Untergrunds
Und kannst mir jeden Morgen tote Blumen schicken

Schick mir tote Blumen mit der Post
Schick mir tote Blumen zur Hochzeit
Dann werd ich nicht vergessen, Rosen auf dein Grab zu stellen

Nimm mich mit, kleine Susie, nimm mich mit
Ich weiß, du denkst, du bist die Königin des Untergrunds
Und kannst mir jeden Morgen tote Blumen schicken
Schick mir tote Blumen mit der US-Post
Sags mit toten Blumen zu meiner Hochzeit
Nein, ich werde nicht vergessen, Rosen auf dein Grab zu stellen

Ein neuer Justiztrick beschäftigt nicht nur monatelang Anwälte und Reporter, sondern sorgt für Publicity. Die Plattenfirma Decca stellt im April 1971 die Langspielplatte »Stone Age« aus Archivbeständen zusammen und liefert sie aus. Darauf sind beispielsweise der Alttitel »Paint It Black« und bislang in Europa unveröffentlichte Songs. Stones-Fans stürzen sich aus Sammlerleidenschaft auf diese LP. Für Decca ein gutes Geschäft.

Die Stones veröffentlichen in den Fachzeitschriften eine Anzeige, mit der sie sich von dieser LP aus Qualitätsgründen distanzieren. Urheberrechtlich können sie die Auslieferung nicht verhindern. Also holen sie –

gemeinsam mit dem Vater von Brian Jones – zu einem anderen Schachzug aus: Sie klagen gegen die ehemaligen Manager Oldham und Easton wegen Manipulation mit Decca zum Nachteil von persönlichen Einnahmen. Eine Nebenklage an Manager Klein in Höhe von 29 Millionen Pfund wird gleich mit eingereicht.

Es kam jedoch wie gewohnt: Mit einer gemeinsamen Pressemitteilung wird im Mai 1972 der Streit beigelegt, die LP anerkannt.

Auf »Stone Age« befindet sich der 1965 als Single erschienene Titel »The Spider And The Fly«.

Nun erscheinen sie, die ersten Produktionen der neuen Firma: Mick Jagger, Bill Wyman und Charlie Watts – eine Teil-Stones-Gruppe also – produzieren mit den Instrumentalisten Nicky Hopkins und Ry Cooder. Die LP fällt jedoch allgemein durch.

»Tumbling' Dice« / »Sweet Black Angel« ist der Titel einer Single. Beide Jagger / Richard-Titel konnten sich zwar in den Hitlisten plazieren, gelangten jedoch nicht auf die vordersten Plätze.

Im ersten wird von einem betrogenen Spieler gesungen, im zweiten von einer schwarzen Frau. Jagger läßt erklären, der zweite Titel sei eine Unterstützung für Angela Davis,

The Spider And The Fly

Sittin', thinkin', sinkin', drinkin'
Wond'ring what I'd do when I'm through
tonight
Smoking, moping, may be just hopin'
Some little girl will pass on by
Don't want to be alone
But I love my girl at home
I remember what she said
She said, »My, my, my, don't tell lies
Keep fidelity in your head
My, my, my, don't tell lies
When you're done you should go to bed
Don't say Hi, like the spider to the fly
Jump right ahead and you're dead«

Sit up, fed up, low down, go 'round
Down to the bar at the place I'm at
Sittin', drinking, superfic'ly thinking
About the rinsed out blond on my left
Then I said »Hi« like a spider to a fly
Remembering what my little girl said

She was common, sturdy, she looked about
thirty
I would have run away but I was on my own
She told me later, she's a machine operator
She said she liked the way I held the
microphone
She said »My, my« like the spider to the fly
»Jump right ahead in my web«

Die Spinne und die Fliege

Sitze, denke, versinke, trinke
Überlege, was ich mache, wenn ich fertig bin
Rauche, niedergeschlagen, vielleicht hoff ich,
daß
irgendein Mädchen vorbei kommt
Will nicht allein sein
Aber ich liebe mein Mädchen zuhause
Und erinnere mich an das, was sie sagte:
Sie sagte »My, my, lüg mich nicht an
Begreif doch endlich
My, my, my, lüg mich nicht an
Wenn deine Sache getan ist, solltest du ins
Bett
Sage nicht Hy, wie die Spinne zur Fliege
Spring hoch und du bist tot«

Steh auf, habs satt, geh runter, geh umher
Runter an die Bar in dem Haus, in dem ich bin
Sitze, trinke, denke nebenbei
Was mit der Blondgebleichten links von mir ist
Dann sagte ich »Hy« wie die Spinne zur Fliege
Und erinnre mich an die Worte meines kleinen
Mädchens

Sie war ganz gewöhnlich, kräftig, sah etwa aus
wie dreißig
Eigentlich wollte ich verschwinden, aber dann
konnte ich doch nicht
Später erzählte sie mir, daß sie Maschinist ist
Und sagte, sie liebe die Art, wie ich das
Mikrofon halte
Ich sagte »My, my« wie die Spinne zur Fliege
»Spring hoch in mein Netz«

die US-amerikanische Bürgerrechtskämpferin. Zum siebenten Mal geht es im Sommer 1972 auf Nordamerikatournee. Das ist für die Stones doch noch der lukrativste Markt.

Schlägereien, Verhaftungen, verletzte Fans und Polizisten ... Tränengas und Gummiknüppel im Einsatz! In Montreal wird mit einem Sprengsatz sogar der Wagen mit den technischen Geräten der Stones in die Luft gejagt. Da hört sogar für die sonst nicht zimperlichen fünf Herren der Spaß auf. Man bricht ab. Als gar in Philadelphia ein verletzter Fotograf die Stones auf etwa 20000 Pfund Schmerzensgeld verklagt, ist ihnen für drei Jahre der Spaß an einer USA-Tournee vergangen. Man geht sicherheitshalber in andere Richtung; Hawai, Hongkong und Australien stehen im Januar/Februar 1973 auf dem Tourneeplan. Aber auch hier – weitab vom Schuß – hat man von den Hochburgen der Rock-Szene gelernt: In Adelaide prügeln sich über 5000 Fans mit der Polizei. Dabei hatten die Australier zunächst Bedenken. Die Einwanderungsbehörden wollten das Einreisevisum verweigern. Sie unterlagen dem Druck der Unterhaltungsindustrie.

Anders die Japaner. Das Außenministerium in Tokio erklärte Mick Jagger wegen seiner – vor allem in letzter Zeit sich häufenden – Drogenvorfälle als unerwünschte Person.

Die Konzerte fielen ins Wasser.

Nun mußte wieder die Reklametrommel gerührt werden. Schnell wird das Konzert in Melbourne am 18. Januar 1973 zum Solidaritätskonzert für die Opfer des schweren Erdbebens im Dezember 1972 in Nikaragua erklärt. 200000 Pfund werden gespendet. Vermutungen, daß es sich bei deren Überweisung nur um eine zollfreie Geldtransaktion zugunsten der sich in Nikaraguas Hauptstadt Managua aufhaltenden Schwiegermutter Mick Jaggers handelte, sollen nicht abwegig gewesen sein.

Eine weitere Spende in Höhe von 350000 Pfund allerdings überreichte Jagger persönlich an den Senat in Washington für den panamerikanischen Entwicklungsfonds. Welcher Natur die US-amerikanische Entwicklungshilfe für Lateinamerika war und ist, zeigen Beispiele bis in die jüngste Vergangenheit.

Und wieder einmal kurze Haft für einen Stone. Bei Keith Richard werden Rauschgift und Waffen entdeckt. Ein cleverer Anwalt regelt schnell mit Kaution das Kavaliersdelikt. Um die Zahlung einer Geldstrafe kommen die Rechtsanwälte jedoch nicht herum.

Und wieder Tourneen: BRD, Österreich, England, Schweiz, Frankreich, Holland, Belgien, Schweden und West-Berlin.

Im Prinzip nichts Neues!

Ein neuer Stone (1975)

Das Jahr 1974 bleibt ohne Konzerttournee. Dafür gibt es erneut Personalwechsel, doch zuvor in der bekannten Besetzung noch einmal Plattenproduktionen. Es scheint, als ob die Stones vor einer Krise stets Auftrieb bekommen.

»Goats Head Soup« enthält beispielsweise »Dancing With Mr. D.« und »Doo Doo Doo Doo Doo«, beides musikalisch ansprechende Jagger / Richard-Titel. Der zweite Song ist eine sozialkritische Anklage gegen die New Yorker Polizei, die in brutaler Art

Doo Doo Doo Doo Doo (Heartbreaker)

The police in New York City chased a boy right throug the park
And in a case of mistaken indentity they put a bullet through his heart
Heartbreaker with your fourty-four, I wanna tear your world apart
Heartbreaker with your fourty-four, I wanna tear your world apart

A ten year old girl on a street corner sticking needles in her arm
She died in the dirt of the alley way
Her mother said she had no chance, no chance
Heartbreaker, heartbreaker, she stuck the pins right in her heart
Heartbreaker, painmaker, you stole the love right out of my heart
Heartbreaker, heartbreaker, you stole the love night out of my heart
Heartbreaker, heartbreaker, I wanna tear the world apart

Doo doo doo doo doo doo doo ...

Du du du du du (Herzbrecher)

Die Polizei von New York City jagte einen Jungen durch den ganzen Park
Und durch die Verwechslung seiner Identität jagten sie ihm eine Kugel durch den Kopf
Herzbrecher mit deiner 44er, ich möchte deine Welt in Stücke reißen
Herzbrecher mit deiner 44er, ich möchte deine Welt in Stücke reißen

Ein zehn Jahre altes Mädchen an der Straßenecke sticht sich Nadeln in den Arm
Sie starb im Schmutz des Weges ihre
Mutter sagte, sie hatte keine Chance, keine Chance
Herzbrecher, Herzbrecher, sie stach die Nadeln sich ins Herz
Herzbrecher, Schmerzmacher, du stahlst die Liebe mir aus meinem Herz

Herzbrecher, Herzbrecher, du stahlst die Liebe mir aus meinem Herz
Herzbrecher, Herzbrecher, ich möchte die Welt in Stücke reißen

Du du du du du du du

Angie

Oh, Angie, oh, Angie, when will those dark clouds disappear
Angie, Angie, where will it lead us from here
With no loving in our souls and no money in our coats
You can't say we're satisfied
But Angie, Angie, you can't say we never tried

Angie, you're beautiful, but ain't it time we said goodbye
Angie, I still love you, remember all those nights we cried
All the dreams we held so close seemed to all go up in smoke
Let me whisper in your ear
Angie, Angie, where will it lead us from here

Oh, Angie, don't you weep, all your kisses still taste sweet
I hate that sadness in your eyes
But Angie, Angie, ain't it time we said goodbye

With no loving in our souls and no money in our coats
You can't say we're satisfied
But Angie, I still love you, baby, ev'rywhere I look I see your eyes
There ain't a woman that comes close to you, come on, baby, dry your eyes

But Angie, Angie, ain't it good to be alive
Angie, Angie, they can't say we never tried

Angie

Oh, Angie, Angie, wann werden diese dunklen Wolken verschwinden
Angie, Angie, wohin wird es uns nun führen
Ohne Liebe in den Seelen, ohne Geld in den Taschen
Du kannst nicht sagen, wir wären zufriedengestellt
Aber Angie, Angie, sag nicht, wir hättens nie versucht

Angie, du bist schön, doch es wird Zeit, Abschied zu nehmen
Angie, ich lieb dich noch, erinnere dich nur an die Nächte voller Tränen

Alle Träume, die wir hatten, lösten sich auf in Rauch
Laß mich in dein Ohr flüstern
Angie, Angie, wohin wird es uns nun führen

Oh, Angie, weine nicht, deine Küsse schmecken immer noch süß
Ich hasse diese Trauer in deinen Augen
Aber Angie, Angie, es wird Zeit, Abschied zu nehmen

Ohne Liebe in den Seelen, ohne Geld in den Taschen
Du kannst nicht sagen, wir wären zufriedengestellt
Aber Angie, ich lieb dich immer noch, Baby, wo ich hinseh, seh ich deine Augen
Es gibt keine Frau, die dir gleicht, mach schon, Baby, trockne deine Tränen

Also, Angie, ist es nicht gut, am Leben zu sein
Angie, Angie, man kann nicht sagen, wir hättens nie versucht.

und Weise einen Jungen jagt und ihn »versehentlich« erschießt. Kapitalistischer Polizeialltag, ein Stones-Titel alter Prägung – sachlich, kritisch. Eine Eintagsfliege allerdings. Die LP enthält ebenfalls das 1973 als Single bekannt gewordene Liebeslied »Angie«.

Die nächste von den Rolling Stones produzierte LP »It's Only Rock'n'Roll« wird ein Welthit.
Sie verkauft sich in astronomischer Auflagenhöhe. Vielleicht, weil noch einmal die Rock'n'Roll-Welle aufgemöbelt wird. Nichts von Sex, nichts von Rauschgift, nichts von Politik. Musik zum Tanzen für Jugendliche, die nicht groß über die Zukunft nachdenken wollen. Melodie und Rhythmus, ein bißchen Rhythm and Blues dabei, aber ansonsten Rock, Rock, Rock ...
Die Jagger / Richard-Titel »Times Waits For No One« und »Luxury« wollen Lebensqualität vermitteln. Man spricht von »Es wird schon wieder«, von Träumen nach Autos,

Fingerprint File

Fingerprint file
You get me down
You get me running
Know my way around
Yes you do child

Fingerprint file
You get me down
You get me running
Keep me on the ground
Know my moves
Way ahead of time
List'ning to me
On your satellite

Feeling followed
Feeling tagged
Crossing water
Trying to wipe my tracks
And there's some little jerk in the FBI
Keeping papers on me
Six feet high
It gets me down
It gets me down
It gets me down

Better watch out
On your telephone
Wrong number
They know you ain't home
And there's some little jerk in the FBI
A-getting papers on me
Six feet high
It gets me down
It gets me down
It gets me down

»Who's that man on the corner?«
»Not that corner over there«
»I don't know, well you better lay low«

Keep on look out
Electric eyes
Rates on the sell out
Who gonna testify
You know my habits
Way ahead of time
List'ning to me
On your satelite
And there's some little jerk in the FBI
A-getting papers on me
Six feet high
It gets me down
It gets me down
It gets me down

Fingerabdruckalbum

Fingerabdruckalbum
Du machst mich kaputt
Schlägst mich in die Flucht
Weißt wohin mein Weg geht–
So ist es, Kind

Fingerabdruckalbum
Du machst mich kaputt
Schlägst mich in die Flucht
Hältst mich am Boden
Kennst meine Schachzüge
Weißt alles im voraus
Hörst mich ab
Mit deinem Satelliten

Fühl mich verfolgt
Fühl mich beschattet
Geh durch Wasser
Versuche, meine Spuren auszuwischen
Aber da gibts einen Kerl beim FBI
Der führt meine Akte
Sechs Fuß hoch
Das macht mich kaputt
Das macht mich kaputt
Das macht mich kaputt

Besser, du paßt auf
Wenn du telefonierst
Falsche Nummer
Sie wissen, du bist nicht zu Hause
Und da gibts einen Kerl beim FBI
Der stellt meine Akte zusammen
Sechs Fuß hoch
Das macht mich kaputt
Das macht mich kaputt
Das macht mich kaputt

»Wer ist der Mann an der Ecke?«
»Nicht die Ecke da drüben«
»Ich weiß nicht, besser, du verschwindest«

Bleib dran, paß auf
Elektrische Augen
Ratten im Ausverkauf
Wer wird es bezeugen?
Du kennst meine Gewohnheiten
Weißt alles im voraus
Hörst mich ab
Mit deinem Satelliten
Und da gibts einen Kerl beim FBI
Der stellt meine Akte zusammen
Sechs Fuß hoch
Das macht mich kaputt
Das macht mich kaputt
Das macht mich kaputt

»Hallo baby
Mm – Mm
A, yeah you know we ain't talkin' alone
Who's listening
But I don't really know
But you better tell the sis to keep out of sight
'Cause I know they takin' pictures on the ultraviolet light
Yes
Aah but these days it's all secrecy not privacy
Shoot first, that's right, ... you know
Bye bye
Who's listening
Right now, somebody is listening to you
Keeping their eyes peeled on you
Mmmh mmmh what a price, what a price to pay
All right
Good night, sleep tight«.

»Hallo Baby
Mm-mm
Ah, yeah, weißt ja, wir können nicht allein sprechen
Wer hört mit?
Aber, weiß ich doch wirklich nicht
Aber sag den SIS besser, sie sollen sich nicht sehen lassen
Denn sie machen Fotos mit ultraviolettem Licht
Ja
Aah, in diesen Tagen zählt die Verschwiegenheit, nicht die Geheimhaltung
Schieß als erster, richtig, ... weißt schon
Machs gut
Wer hört mit?
Gerade jetzt hört uns jemand zu
Sie halten ihre Augen auf dich gerichtet
Mmmh mmmh, was für ein Preis, was für ein Preis zu zahlen
In Ordnung
Gute Nacht, schlaf fest«

Urlaub, schönen Kleidern. Angesichts der sprunghaft steigenden Jugendarbeitslosenzahlen in allen westlichen Ländern braucht man solche Traummusik. Die Rolling Stones bieten sie. Ein kleiner politischer Schlenker nur auf der LP, das Lied »Fingerprint File«, ein Seitenhieb auf die Überwachungspraktiken westlicher Geheimdienste bzw. der Polizei.

Dann kommt die Pressemitteilung der Rolling Stones: Gitarrist Mick Taylor – einst Ersatzmann für Brian Jones – verläßt nach beinahe sechs Jahren die Gruppe.
Den Jahreswechsel 1974/75 begehen nur noch vier Mitglieder, die Alt-Stones.
Mit der Besetzung der Gitarrenposition sind sie vorsichtig. Viele Plattennachauflagen erinnern noch immer an Brian. Man macht Probeaufnahmen und auch Produktionen mit verschiedenen Gastgitarristen. Dann wieder eine Pressemitteilung: Die Sommertournee 1975 (1974 gab es keine Tournee) wird mit dem Leadgitarristen Ronnie Wood (geboren 1. Juni 1947), bisher bei »The Faces« beschäftigt, absolviert. Später, im Dezember, wird seine ständige Mitgliedschaft bei den Stones bestätigt.
Die schmächtige Gestalt von Ronnie Wood war wohl der Grund für seinen Spitznamen »Zögling der Rockszene«. Seine artistischen Späße auf der Bühne zeugten jedoch von seiner großen Körperbeherrschung. Über seine musikalischen Fähigkeiten gab es unterschiedliche Urteile.

Im Jahr 1975 erscheint die Langspielplatte »Rolled Gold – The Very Best Of The Rolling Stones«, auf der sich der 1966 als Single produzierte Titel »Have You Seen Your Mother, Baby, Standing In The Shadow?« befindet.
»Du mußt dich jetzt entscheiden. Für die heile alte Welt oder einen Abrutsch in den Untergang«, dieser Appell der »im Schatten Lebenden« wird hier musikalisch umgesetzt.
Es ist ein typischer Stones-Titel. Hart, rhythmisch akzentuiert, spannungs- und tempogeladen, fordernd in der Vokalgestaltung. Ohne seine rhythmische Spannung aufzugeben enthält der Song kurze, verhaltene Passagen, in denen sich der Gesang besonders artikuliert und die rasch wieder im Grundtenor aufgehen. Man hat über diesen Titel häufig von einem »wahren Klangrausch«, von »impressionistischem Rock'n'Roll« gesprochen.
Ebenfalls auf »Rolled Gold« ist der 1967 entstandene, bereits 1969 auf »Through The

Past« veröffentlichte Song »We Love You« aufgenommen. Er entstand seinerzeit nach einem Freispruch von einer Anklage wegen Rauschgiftbesitzes.
Mit intensiven Klavierpassagen beginnt der Titel ganz und gar nicht wie ein Liebeslied, eher wie ein Lied auf die Freiheit! Verhaltene vokale Gestaltungen setzen dann jedoch kontrastreiche Akzente. Besonders ausdrucksstark ist die Refrainzeile durch den Gesang gestaltet. Daran baut sich ein interessanter Improvisationsteil auf, der abrupt abreißt.

Die Amerikatournee beginnt in den USA. Es folgen Mexiko, Brasilien und Venezuela. Alle anderen Konzerte in Südamerika platzen. Die Gründe werden nie ganz klar. Eine verpatzte Amerikatournee also.
Dazu gab's dann noch »Kleins Rache«. So nannte die Fachpresse die während der Tournee erschienene Decca-Platte »Metamorphosis«. Die Stones hätten dieser Platte nie zugestimmt. Aber verklausulierte Urheber- und Vertragsrechte ermöglichten Decca und Exmanager Allen Klein diese LP.
Es handelte sich um Fehlaufnahmen und bei Decca verbliebene Alt-Urbänder, die bei Vertragslösung unberücksichtigt blieben. Aus Versehen. Und hier schlugen Decca und Klein zu. Zum Leidwesen der Stones, denn die Titel waren musikalisch schwach.
1976 wendet sich die neue Stones-Besetzung wieder Europa zu. BRD, Belgien, England, Holland, Frankreich, Spanien, Italien, Österreich und Jugoslawien stehen auf dem Tourneeplan, der vor allem in England von Konzerten mit über 100000 Zuhörern geprägt wird. Aber es ist ein seichtes Programm, das die Gruppe bietet. Auf dem Plattenmarkt bleiben die Renner aus.

Lediglich eine Anleihe bei der nordamerikanischen Folklore schlägt ein, die LP »Black And Blue«. Die schwarze Straßenmusik hat immer ihre Freunde gefunden, zumal Gastgitarristen die LP mitproduziert und jazzgeprägt haben.

THE ROLLING STONES' ROCK AND ROLL CIRCUS
AMIGA
ROLLING STONES
"STILL LIFE"

Have You Seen Your Mother, Baby, Standing In The Shadow?

Have you seen your mother, baby, standing in the shadow?
Have you had another baby standing in the shadow?
I'm glad I opened your eyes
The havenots would have tried to freeze you in ice

Have you seen your brother, baby, standing in the shadow?
Have you had another baby standing in the shadow?
I was just passing the time
I'm all alone, won't you give all your sympathy to mine?

Tell me a story about how you adore me, how we
Live in the shadow, how we see through the shadow, how we
Glimpse through the shadow, how we tear at the shadow, how we
Hate in the shadow, how we love in your shadowy life

Have you seen your lover, baby, standing in the shadow?
Have you had another baby standing in the shadow?
Where have you been all your life?
Talking about all the people who would try anything twice

Have you seen your mother, baby, standing in the shadow?
Have you had another baby standing in the shadow?
You take your choice at this time
The brave old world or the slide to the depth of decline

Hast du deine Mutter, Baby, im Schatten stehn gesehn?

Hast du deine Mutter, Baby, im Schatten stehn gesehn?
Hattest du einen anderen, Geliebte, im Schatten stehn?
Ein Glück, daß ich deine Augen geöffnet hab
Die Habenichtse hätten versucht, dich in Eis einzufrieren

Hast du deinen Bruder, Baby, im Schatten stehn gesehn?
Hattest du einen anderen, Geliebte, im Schatten stehn?
Ich hab mir grad so die Zeit vertrieben
Ich bin ganz allein, willst du mir nicht deine Sympathie schenken?

Erzähl mir die Geschichte darüber, wie du mich liebst, wie wir
Im Schatten leben, wie wir durch den Schatten sehen, wie wir
Flüchtig im Schatten erscheinen, wie wir am Schatten reißen, wie wir
Im Schatten hassen, wie wir in deinem Schattenleben lieben

Hast du deinen Liebhaber, Baby, im Schatten stehn gesehn?
Hattest du einen anderen, Geliebte, im Schatten stehn?
Wo bist du denn dein ganzes Leben gewesen?
Hast du über die gesprochen, die alles zweimal versuchen?

Hast du deine Mutter, Baby, im Schatten stehn gesehn?
Hattest du einen anderen, Geliebte, im Schatten stehn?
Du mußt dich jetzt entscheiden
Für die heile alte Welt oder einen Abrutsch in den Untergang

We Love You

We don't care if you'd only love we
We don't care if you'd only love we

We love you
We love you
And we hope that you will love me too
We love they
We love they
And we want you to love they too

Wir lieben euch

Wir haben keine Sorgen, wenn ihr uns nur liebt
Wir haben keine Sorgen, wenn ihr uns nur liebt

Wir lieben euch
Wir lieben euch
Und wir hoffen, daß ihr uns auch liebt
Wir lieben sie
Wir lieben sie
Und wir wollen, daß ihr sie auch liebt

We don't care if you hound we
And lock the doors around we
We've locked it in our minds
'Cause we love you
We love you

You will never win we
Your uniformes don't fit we
You're dead and then we're in
'Cause we love you
We love you
Of course we do

I love you
I love you
And I hope that you are grooving too
We love you we do
We love you we do
Ah ha ha ha ...

Wir haben keine Sorgen, wenn ihr uns jagt
Und die Türen vor uns verschließt
Wir haben alles im Kopf
Weil wir euch lieben
Wir lieben euch

Ihr werdet uns nie gewinnen
Eure Uniformen passen uns nicht
Ihr seid tot und dann kommen wir
Weil wir euch lieben
Wir lieben euch
Natürlich tun wirs

Ich liebe euch
Ich liebe euch
Und ich hoffe, daß ihr mitmacht
Wir lieben euch, wirklich
Wir lieben euch, wirklich
Ah, ha, ha ...

Und ein Modetrend ist auf der Platte zu finden – Reggae.
Diese Stilart der Unterhaltungsmusik, deren Ursprünge in den Slums von West-Kingston (Jamaika) liegen und die über einen Vermarktungsprozeß durch die kapitalistische Unterhaltungsindustrie internationale Beliebtheit erlangte, wird durch häufig wiederholte, dabei unwesentlich variierte Melodiephrasen und einen sehr intensiven Polyrhythmus gekennzeichnet.
Einer der Titel auf der Langspielplatte ist der folgende Song:

Melody

Melody Melody
It was her second name
Melody
It was her second name
Melody
It was her second name

I came home one morning
About a quarter to three
I'm banging on my door
'Cause I just lost my key
Open up baby you got someone else inside
I'm gonna come and get you dead or alive

Melody
It was her second name

I took her out dancing
But she drank away my cash
She said I'm gonna fix my face
Don't you worry I'll be back
I'm locking for her high and low
Like a mustard for a ham
She was crashed out in the bathroom
In the arms of my best friend

Melody

Melody, Melody
War ihr Familienname
Melody
War ihr Familienname
Melody
War ihr Familienname

Ich kam nach Hause eines Morgens
Ungefähr viertel vor drei
Mußte an meine Tür klopfen
Weil ich meinen Schlüssel verlor
Öffne, Baby, ist einer bei dir drin
Ich komm rein und krieg dich, tot oder lebendig

Melody
War ihr Familienname

Ich ging mit ihr tanzen
Und sie vertrank meinen Kies
Sie sagte, ich mach nur mal mein Gesicht frisch
Keine Sorge, komme gleich wieder
Ich suchte sie überall
Wie eine Nadel im Heuhaufen
Sie war völlig fertig im Badezimmer
In den Armen meines besten Freundes →

Melody
It was her second name

Then one day she left me
She took everything that moved
She took my car, my trailer home
She took my Sunday boots
My nose is on her trail
I'm gonna catch her by suprise
And then I'm gonna have the pleasure
To roast that child alive

Melody
It was her second name

Melody
War ihr Familienname

Dann, eines Tags, verließ sie mich
Sie nahm alles mit, was beweglich war
Sie nahm mein Auto, meinen Wohnwagen
Nahm meine Sonntagsstiefel
Meine Nase ist auf ihrer Spur
Als Überraschung werde ich sie fangen
Und werde mir das Vergnügen machen
Dieses Kind lebend zu rösten

Melody
War ihr Familienname

Doch man macht sich bei der Suche nach einer neuen Stilistik keine großen Sorgen, bleibt dem bisherigen Konzept treu. Das Geschäft stimmt, und das ist die Hauptsache. Für das London-Konzert lagen immerhin 980000 Kartenbestellungen vor. Aus drei wurden sechs Konzerte.

Trotzdem: 90 Prozent der Besteller gingen leer aus.

Im Earls Court, einem nicht allzu feudalen Veranstaltungsobjekt, startete das Stones-Comeback in England nach drei Jahren Abwesenheit. Der Stones-Chef sorgt auf seine Art für Werbung. Nach der Probe verteilte er an Jugendliche auf der Straße Eintrittskarten und an die Wartenden an der Vorverkaufskasse ließ er gratis Erfrischungen reichen. Doch mehr als höfliche Anerkennung in der Presse fanden die Stones nicht. Die Zeitungen hatten andere Schlagzeilen: Bei der Rückfahrt von einem der Konzerte kam Keith Richard mit seinem Wagen von der Straße ab. Als ihm eine Streifenwagenbesatzung zur Hilfe kommen wollte, stießen sie in dem beschädigten Bentley auf Kokain und LSD. Festnahme – Anklage – Kaution – Freilassung – Fortsetzung der Tournee.

Im Anschluß an die Tournee entschlossen sich die Stones nach sieben Jahren wieder an einer Massenveranstaltung teilzunehmen. Sie hatten nach Altamont (1969) mehrfach Angebote bekommen. Offensichtlich gab es eine Scheu vor solcher Art Mammutshow. Nunmehr, am 21. August 1976, traten sie wieder vor 200000 Zuhörern auf dem Gelände des Knebworth House in Hertfordshire auf.

Sie waren ganz die Alten: Mit fast vier Stunden Verspätung rückten die Stones an. Doch es existierte ein wesentlicher Unterschied zu früher: Der große Fanatismus blieb aus. Das Programm blieb Stones-Nostalgie.

Zu den Songs, die die Stones immer wieder im Programm hatten, gehörte »Honky Tonk Women«, ein Titel, der seit 1969 mehrfach in verschiedenen Fassungen gespielt und später auch mit geringfügiger Textveränderung als »Country Honk« produziert wurde. Ein Mann beschreibt seine Erfahrungen mit den Frauen in den Kneipen. Es wird eine Grundstimmung von unerfüllten Erlebnissen ausgedrückt. Manchmal wurde das Lied auch als die Hymne der Rolling Stones bezeichnet.

Musikalisch – vor allem im tänzelnden Rhythmus und durch den Einsatz beispielsweise einer Kuhglocke – sind die Einflüsse der Countrymusik spürbar. Ein interessanter Melodiebogen eröffnet alle Möglichkeiten für den Gesang. Durch die Instrumentierung erscheint vor dem geistigen Auge die Kneipenatmosphäre.

Nach »Satisfaction« wurde »Honky Tonk Woman« der Stones-Hit.

Honky Tonk Women

I met a ginsoaked barroom queen in Memphis
She tried to take me upstairs for a ride
She had to heave me right across her shoulder
'Cause I just can't seem to drink you off my mind
It's the honky tonk women
Gimme gimme gimme the honky tonk blues

I laid a divorcee in New York City
I had to put up some kind of a fight
The lady then she covered me with roses
She blew my nose and then she blew my mind
It's the honky tonk women
Gimme gimme gimme the honky tonk blues

It's the honky tonk women
Gimme gimme gimme the honky tonk blues

Kneipen-Frauen

Ich traf eine ginbesoffne Barkönigin in Memphis
Sie versuchte, mich für einen Ritt mit nach oben zu nehmen
Sie mußte mich richtig über ihre Schulter heben
Denn dich kann ich nicht aus meinem Kopf trinken
Doch diese Kneipen-Frauen
Machen, machen, machen mir den Kneipen-Blues

Ich legte eine Geschiedene um in New York City
Ich mußte fast eine Art Kampf machen
Dann hat mich die Lady mit Rosen überschüttet
Sie putzte meine Nase und machte mich fertig
Doch diese Kneipen-Frauen
Machen, machen, machen mir den Kneipen-Blues

Doch diese Kneipen-Frauen
Machen, machen, machen mir den Kneipen-Blues

Krise bei den Rolling Stones (1976–1978)

In der zweiten Hälfte der siebziger Jahre kriselte es bei den Stones immer wieder in dieser oder jener Form.

Es gab Affären mit sicher gewollter Pressebeteiligung und auch echte Schicksalsschläge: Am 4. Juni 1976 – während der Europatournee – erfuhr Keith Richard, daß sein 10 Wochen alter Sohn gestorben war. Seine Verzweiflung erstickte er in Alkohol; mit seiner Lebensgefährtin Anita Pallenberg wandte er sich verstärkt dem Rauschgift zu. Sie vernachlässigten ihre Tochter Dandelion. Anita war in der Punkszene bekannter Gast, zeitweilig befand sie sich in Polizeigewahrsam.

In den Jahren 1977/78 wurden ernsthafte Tourneepläne geschmiedet. Für Februar 1977 war in Toronto eine Konzertfolge im El Macombo-Club unter Vertrag. Doch Keith konnte nicht pünktlich anreisen. Er stand am 13. Februar 1977 wegen Verstoß gegen das Rauschgiftgesetz vor den Gerichtsschranken des Aylesbury Crown Court. 750 Pfund Geldstrafe und Haftandrohung im Wiederholungsfalle waren das Ergebnis.

Als Keith und Anita in Toronto eintrafen, bekamen sie bei der Einreise Schwierigkeiten mit dem Zoll, der bei ihnen Kokain entdeckte. Für Keiths Zimmer im Torontoer Hilton-Hotel hatte die Polizei einen Durchsuchungsbefehl. Keith und Anita wurden in Untersuchungshaft genommen.

Der Bruch schien perfekt: Ein Stone in Haft. Ein weiterer – Ronnie Wood – in den Schlagzeilen der Presse wegen einer Affäre mit der Frau des Premiers des Gastgeberlandes Kanada. Da trat Stones-Chef Jagger am 2. März 1977 die Flucht nach vorn an. Er verließ Kanada in Richtung New York. Grund: Tochter Jade habe Blinddarmentzündung, und Mutter Bianca wäre nicht zu Hause. Die Boulevardpresse war voll von Nachrichten über die Auflösung der Stones; ein, zwei Zeitungen meldeten sie bereits.

Als Keith tagsdarauf wieder auf freiem Fuß war, kam Jagger blitzschnell nach Toronto zurück und zog die Notbremse. Offensichtlich muß es härteste Auseinandersetzungen zwischen den Stones gegeben haben. Man war sich wahrscheinlich der drohenden Todesstunde bewußt und setzte alles auf eine Karte.

Publikum und Presse sprachen von einem legendären Konzert am 4. März 1977 im El Macombo. Selbst der rauschgiftgezeichnete Keith Richard soll sich künstlerisch übertroffen haben.

Und dann kamen sie – die schwarzen Tage in der Stones-Geschichte:

7. März 1977: Keith Richard wird vom Torontoer Gerichtshof wegen Besitz von 6 Gramm Kokain angeklagt.

8. März 1977: Keith Richard wird vom Torontoer Gerichtshof wegen Heroinhandel angeklagt.

Gegen eine Kaution von 25000 Dollar wird er für eine Woche freigelassen.

8. März 1977 mittags: Mick Jagger erklärt

seine Abreise von den restlichen Stones aus Kanada.
8. März 1977 abends: Ronnie Wood teilt seine Abreise von dem Rest der Gruppe mit. Mit ihm verläßt Premier-Ehefrau Margaret Trudeau Toronto. Nach zwei Tagen verschwinden auch Bill Wyman und Charlie Watts. Keith Richard bleibt zunächst in Toronto und wartet erneut auf den Prozeß. Er zog sich bis Herbst 1978 hin.
Doch zwischendurch konnte sich Keith in New York einer psychiatrischen Rauschgiftentzugsbehandlung unterziehen. Diesen freiwilligen Schritt legten die Richter beim Prozeß in Toronto als strafmildernd aus. Er erhielt eine Strafe auf Bewährung, die Verpflichtung zur weiteren Entzugsbehandlung und die Auflage, mit seinen Musikerkollegen eine Wohltätigkeitsveranstaltung in Kanada zu bestreiten.
Gegen das Urteil legte die kanadische Regierung Berufung ein. Sicher hatte das andere Gründe. Die Berufung war erfolglos. Der Rest des Jahres 1978 wurde noch schnell für die lang geplante Amerikatournee genutzt. Der große Publikumszuspruch war wohl auch der Neugier der Konzertbesucher geschuldet, ob die Stones den bereits pressebesiegelten Todesstoß überstanden hatten.

Im Jahre 1978 hatte Mick Jagger die Idee, einen erneuten Anlauf in Richtung asiatisches Terrain zu unternehmen. Er hatte sich in den Kopf gesetzt, mit einer Tournee durch die Volksrepublik China im Jahre 1980 damit zu beginnen. Die anderen Stationen dieser Tournee sollten Singapur, Japan, Australien und Neu-Seeland werden. Eine solche Tournee kam jedoch nicht zustande.

1979 – das Jahr der Grabesstille. So hatte es Keith Richard einmal selbst bezeichnet. Hauptsächlichste Ursache war wohl ihre Wohnsitzdezentralisierung. Denn so sah es Anfang 1980 aus: Ronnie Wood wohnt in Los Angeles. Bill Wyman und Charlie Watts leben in England, Keith Richard in New York. Und Mick Jagger pendelt zwischen den USA und Paris.
Trotzdem gelingt Ende 1980 die Vorbereitung einer Jubiläumstournee 1981 in die USA.
Doch die Tourneen werden mit ihrem nicht mehr überschaubaren Publikumsumfeld immer brutaler. Man kann wohl nicht mehr von normalen Konzerten sprechen, wenn für die Besucher tödliche Gefahr droht.
Einige Beispiele mögen dies belegen: 9. Juli 1978 Solders-Field-Stadion Chicago – der 27jährige David Lafolette wird vom rasenden Publikum sechs Meter tief in eine Einfahrt gestoßen und verstirbt. 11. Juli 1978 Minnesota – Bill Wyman stürzt von der Bühne und zieht sich eine schwere Gehirnerschütterung zu. 20. November 1981 Houston – in der Menge der einhunderttausend Besucher wird ein Student erstochen. 24. November 1982 Seattle – ein Mädchen wird in einen Abgrund gestürzt und verstirbt.

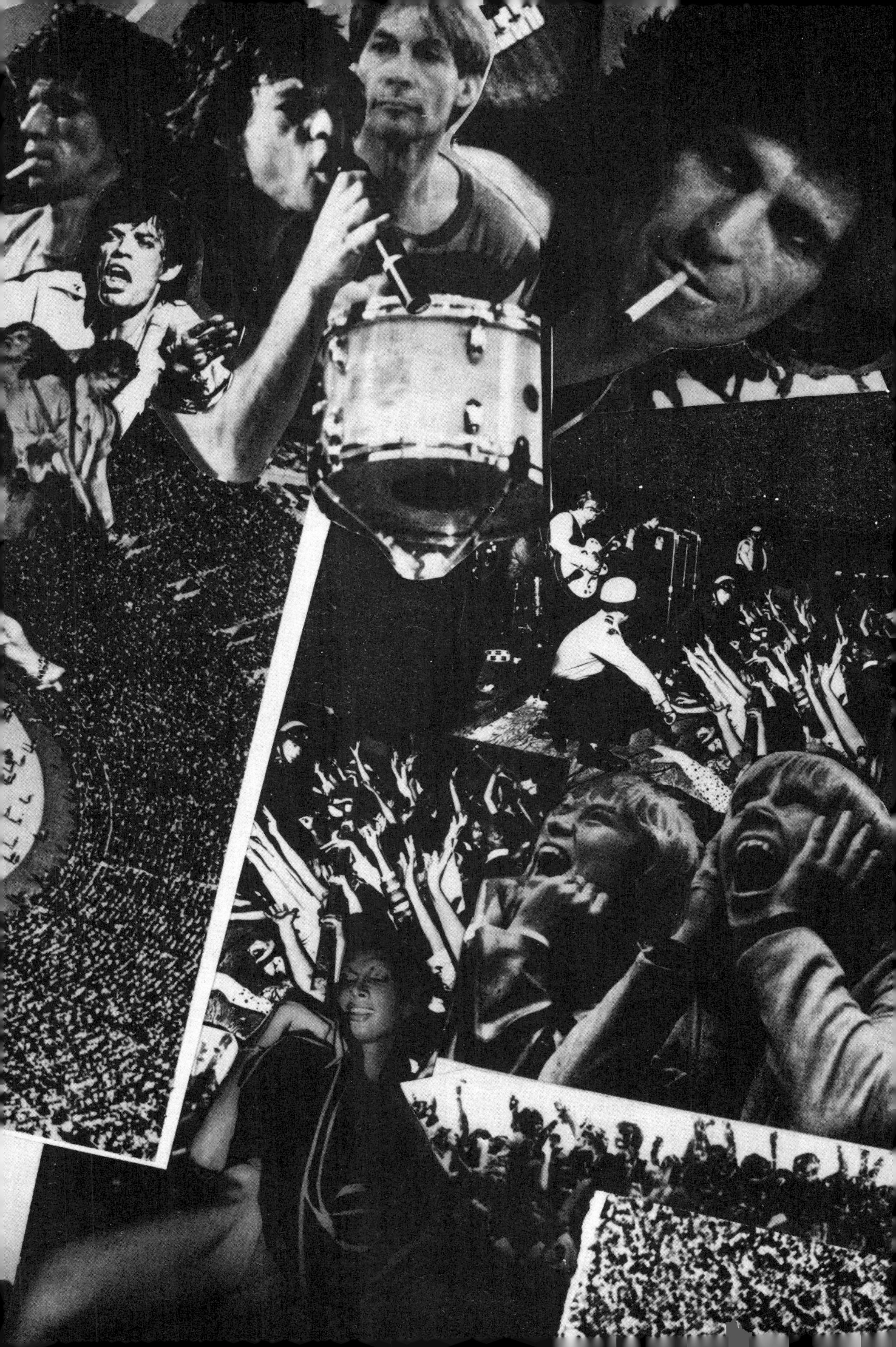

Die Stones feiern ihren 20. Gründungstag (1981)

Das John-F.-Kennedy-Stadion in Philadelphia sieht an diesem 25. September 1981 – den die Stones nunmehr als 20. Jahrestag ihrer Gründung auserkoren haben – fast 100000 Menschen. Tausende Polizisten. Nicht weniger Händler, die alles anbieten, was nur in Beziehung zu den Stones gebracht werden kann: T-Shirts zum Preis von 10 Dollar, Stones-Krawatten, Anstecker, Abzeichen, Aufbügelflecken mit allen Stones-Porträts, Ansichtskarten mit Stones, Schokolade mit Stones-Bildern, Magazine, Poster, Kalender, Bierkrüge, Tassen und Teller, Mützen, Umhänger, Luftballons, Jeans, Taschen, Schirme ...

Stones ... Stones ... Stones ...

Hunderte von Sanitätern stehen für alle Eventualitäten mit Krankentragen im Medizinischen Stützpunkt bereit. Wasserwerfer der Polizei warten in abgelegenen Seitenstraßen. Ab und an erkundet ein Polizeihubschrauber über dem Stadiongelände die Lage. Denn hierin bewahren die Stones Tradition: Seit vier Stunden sind die Zuschauer den Händlern und Vorgruppen ausgeliefert, die Stars lassen auf sich warten.

Musik – Geschäft – Sex und Drogen. Diese Seiten der Stones-Geschichte der letzten 20 Jahre haben sie zu der skandalumwittertsten Rock- und Popgruppe werden lassen. Über 200 Journalisten sind akkreditiert. Interesse an der Gruppe besteht also nach wie vor.

Paul Wassermann, der neue Pressechef der Stones, kann es sich leisten, die Journalisten im wahrsten Sinne des Wortes zu schikanieren. Gleiches praktizieren die Sicherheitswachen der Stones, die Tulsa Police, gegenüber den Zuschauern. Ihr »Polizeichef« Jim Callaghan ist der mächtigste Mann nach Mick Jagger. Dann kommen sie – die Rolling Stones: Mick Jagger wie immer als Erster, Keith Richards (er hatte seinem Familiennamen als Versöhnungsangebot an seinen Vater wieder das »s« angefügt) nach »Protokoll« als Zweiter, dann Bill Wyman, Charlie Watts, Ronnie Wood. Es folgen zwei Keyboardspieler als Begleiter, Ian McLagen und Ex-Stone Ian Stewart.

Eine Kette von Superlativen nahm mit diesem Konzert ihren Anfang, schrieb die Boulevardpresse. Ein superlatives Geschäft auf alle Fälle.

Das sind die Fakten: 3,5 Millionen Kartenwünsche innerhalb eines Tages nach Bekanntwerden der Tournee. Millionengewinne für Konzerthallen und Stadien. 40 Millionen Dollar Einnahmen für die Stones. Das war bis dahin die höchste Summe, die eine Gruppe bei einer Tournee verdiente. Man jagte durch amerikanische Städte, machte an der Fahrtstrecke kleine Abstecher in Klubs, überall wurde Werbung betrieben. Offenbar war die Werbekampagne gut kalkuliert. So kam es beispielsweise zu solchen, eher seltsam anmutenden Handlungen wie das Aussprechen eines Segens für die Stones. Geschehen in der ansonsten unbedeutenden Gemeinde North Brookfield. »Gott sei mit den Rolling Stones« wurde hier verkündigt.

Dabei hatte es Mühe gekostet, diese »Welttournee« – so Jagger – auf die Beine zu bringen. Multimillionär Mick Jagger, Gutsbesitzer und »Experte« für antikes Silber Charlie Watts, Fotograf und Komponist Bill Wyman hatten keine finanziellen Sorgen. Wyman hatte sich übrigens mit Kompositionen zu Bildern des Malers Marc Chagall einen Namen gemacht. Etwas kritischer sah es bei Keith Richards aus. Er brauchte die Millionen, weshalb er zum Initiator dieser Comeback-Tournee wurde. Zwar war 1981 »Tatoo You« erschienen (die Auskopplung des darin enthaltenen Titels »Start Me Up« wurde Spitzenreiter der amerikanischen Singlehitparade), aber nach Punk Rock waren Stilistiken wie New Wave und New Romantic bestimmende Erscheinungen auf dem Musikmarkt geworden. Das Geschäft war also in Gefahr. Da kamen die Konzerte in 26 Städten der USA im vierten Quartal sehr gelegen. Dazu wurden Skandale um Skandale in die Presse lanciert. Mick Jagger schwärmte in sämtlichen Interviews von seiner glücklichen Liebe zu Jerry Hall. Keith Richards sprach den Journalisten gegenüber eiskalt über seinen Bruch mit Anita Pallenberg.

11000 Menschen stürmten in Worcester (Massachusetts) einen Klub, in dem die Gruppe »Little Boy Blue And The Cockroaches« spielen sollte. Dreihundert geladene Gäste hatten gewußt, daß es die Stones unter Pseudonym waren. Ein Journalist plauderte. Fast erdrückt musizierte man. Eine gelungene Generalprobe für das Jubiläumskonzert im Stadion.

Zurück zu diesem: Es wurde ein Konzert der Oldies. Songs mit Niveau und echtem Engagement standen neben Fragwürdigem. Da werden zum Beispiel im ersten Teil »Under My Thumb«, ein frauenfeindlicher Song auf den Unterdrücker Mann und »You Can't Always Get What You Want« gespielt, später »Street Fighting Man«, der Revolutionstitel. Und zum Abschluß eine der »Stones-Hymnen«, »Jumpin' Jack Flash«.

»Jumpin' Jack Flash«, ein Titel von 1968. Ein junger Mann hat sich frei gemacht von seiner trostlosen Vergangenheit. Jetzt ist alles gut. Es macht Spaß.

Der Song ist »Hymne der Stones als Teufelsboten« genannt worden. Dies bezog sich jedoch wahrscheinlich auf die bei manchem Konzert dargebotene 20-Minuten-Fassung. Auf Plattenproduktionen wurde eine gemäßigte Fassung eingespielt. Allerdings entbehrt der Song nicht einer gewissen Aggressivität, die besonders durch den harten, treibenden Rhythmus zum Tragen gebracht wird. Er entstand auf Anregung von Bill Wyman. Mit diesem Titel hatten die Stones 1968 nach längerer Pause wieder einen großen Erfolg.

Nicht zu verkennen ist dabei die musikalische Rückbesinnung auf den Rhythm and Blues. Das Lied taucht wohl ebenfalls aus diesem Grund häufig auf Schallplatten der Gruppe auf.

Aber auch dies ist beim Jubiläumskonzert Gegenwart – die Erinnerung an den 6. Dezember 1969 in Altamont. Brutal gehen die Ordner vor.

Einem Vierzehnjährigen wird die Luftröhre eingeschnürt. Er war über die Absperrung geklettert und zu einer »Gefahr« für die Stones geworden.

Schleunigst verlassen die Musiker nach einer Zugabe – »Satisfaction« – das Gelände. Trotz des Publikumserfolges ist die Presseresonanz auf das Konzert allerdings dürftig. Gleiches gilt für ein Nachfolgekonzert in Buffalo nahe der kanadischen Grenze. Diese zu überschreiten getrauen sich die Stones angesichts ihrer Kanadaerfahrung nicht.

Bei einem Konzert in Kansas City besucht der Ex-Stone Mick Taylor die Gruppe hinter der Bühne und spielt dann bei einigen Titeln mit. Offensichtlich sollte bei dieser Tournee die Alt-Stones-Nostalgie durch Auftritte des Ex-Stone geschürt werden.

1982 geht es zurück nach Europa. Auftritte in München und Hannover stehen auf dem Programm.

1983 richten die Stones ihre Aufmerksamkeit erneut auf Asien. Eine große Tournee führt sie nach Singapur und Japan. Dann

You Can't Always Get What You Want

I saw her today at the reception
A glass of wine in her hand
I knew she would meet her connection
At her feet was her footloose man
You can't always get what you want
You can't always get what you want
You can't always get what you want
But if you try sometimes
You just might find
You get what you need

And I went down to the demonstration
To get my fair share of abuse
Singin' we're gonna vent our frustration
If we don't we're gonna blow a fifty amp fuse'
You can't always get what you want
You can't always get what you want
You can't always get what you want
But if you try sometimes
You just might find
You get what you need

I went down to the Chelsea drugstore
To get your prescription filled
I was standing in line with Mister Jimmy
(And man did he look pretty ill!)
We decided that we would have a soda
My favourite flavour cherry red
I sang my song to Mister Jimmy
And he said one word to me and that was
»Dead«
You can't always get what you want
You can't always get what you want
You can't always get what you want
But if you try sometimes
You just might find
You get what you need

I saw her today at the reception
In her glass was a bleeding man
She was practised at the art of deception
I could tell by her bloodstained hands
You can't always get what you want
You can't always get what you want
You can't always get what you want
But if you try sometimes
You just might find
You get what you need

Du bekommst nicht immer, was du willst

Ich sah sie heute an der Rezeption
Ein Glas Wein in ihrer Hand
Ich wußte, sie würde ihren Dealer treffen
Zu ihren Füßen lag haltlos ihr Mann
Du kannst nicht immer bekommen, was du willst
Du kannst nicht immer bekommen, was du willst
Du kannst nicht immer bekommen, was du willst
Aber wenn dus manchmal versuchst
Könntest du herausfinden
Daß du bekommst, was du brauchst

Und ich ging zur Demonstration
Wollte meinen gerechten Teil an der
Beschimpfung
Sang »Wir wollen unsre Frustration loswerden«
Wenn nicht, knallt eine Fünfzig-Ampere-
Sicherung durch
Du kannst nicht immer bekommen, was du willst
Du kannst nicht immer bekommen, was du willst
Du kannst nicht immer bekommen, was du willst
Aber wenn dus manchmal versuchst
Könntest du herausfinden
Daß du bekommst, was du brauchst

Ich ging runter zum Chelsea-Drugstore
Um dein Rezept einzulösen
Ich stand mit Mister Jimmy in der Schlange
(Und, Mann, der sah wirklich krank aus!)
Wir entschlossen uns, eine Limonade zu trinken
Meine Lieblingssorte, Kirschrot
Ich sang mein Lied für Mister Jimmy
Aber er sagte nur ein Wort zu mir und das war
»tot«
Du kannst nicht immer bekommen, was du willst
Du kannst nicht immer bekommen, was du willst
Du kannst nicht immer bekommen, was du willst
Aber wenn dus manchmal versuchst
Könntest du herausfinden
Daß du bekommst, was du brauchst

Ich sah sie heute an der Rezeption
In ihrem Glas ein blutender Mann
In der Kunst der Täuschung war sie erfahren
Ich weiß es wegen ihrer blutigen Hände
Du kannst nicht immer bekommen, was du willst
Du kannst nicht immer bekommen, was du willst
Du kannst nicht immer bekommen, was du willst
Aber wenn dus manchmal versuchst
Könntest du herausfinden
Daß du bekommst, was du brauchst

Jumpin' Jack Flash

I was born in a crossfire hurricane
And I howled at my ma in the driving rain
But it's all right now, in fact, it's a gas!
But it's all right
I'm Jumpin' Jack Flash, it's a gas! Gas! Gas!

I was raised by a toothless, bearded hag
I was schooled with a strap right across my back
But it's all right now, in fact, it's a gas!
But it's all right
I'm Jumpin' Jack Flash, it's a gas! Gas! Gas!

I was drowned I was washed up and left for dead
I fell down to my feet and I saw they bled
I frowned at the crumbs of a crust of bread
I was crowned with a spike right thru my head
But it's all right now, in fact, it's a gas!
But it's all right
I'm Jumpin' Jack Flash, it's a gas! Gas! Gas!

Jumpin' Jack Flash

Ich kam in einem tobenden Sturm zur Welt
Und ich schrie im dichten Regen meine Mutter an
Aber jetzt ist alles in Ordnung, Tatsache, es macht Spaß!
Es ist in Ordnung
Ich bin Jumpin' Jack Flash, es macht Spaß, Spaß, Spaß!

Ich wuchs bei einer zahnlosen, bärtigen Hexe auf
Ich wurde mit dem Riemen auf dem Arsch erzogen
Aber jetzt ist alles in Ordnung, Tatsache, es macht Spaß!
Es ist in Ordnung
Ich bin Jumpin' Jack Flash, es macht Spaß, Spaß, Spaß!

Ich ging unter, wurde angespült und für tot gehalten
Ich flog hin und sah meine Füße bluten
Gierig starrte ich die Reste eines Brotkantens an
Mit einem Nagel mitten durch den Kopf wurde ich gekrönt
Aber jetzt ist alles in Ordnung, Tatsache, es macht Spaß!
Es ist in Ordnung
Ich bin Jumpin' Jack Flash, es macht Spaß, Spaß, Spaß!

kommt der Sprung auf den fünften Kontinent: Konzerte in Australien lassen die alte Rolling Stones-Atmosphäre entstehen. Als dann noch Konzerte in Neu-Seeland stattfinden, spricht man in aller Welt wieder von den Stones. Ein Comeback?
Man könnte es glauben, denn beachtenswerte Schallplatten werden ebenfalls produziert: Nach »Still Life« von 1982 folgt »The Rolling Stones Rewind 1971–1984«. Mit dieser 1984 bei der Plattenfirma Elektrola erschienenen Reprise des Besten, was die Rolling Stones in den genannten dreizehn Jahren herausbrachten, wecken sie Interesse bei der herangewachsenen Generation, die den Namen Rolling Stones vielleicht nur von ihren Eltern kannte.

Die Rolling Stones in der Gegenwart

Gelegentlich (einige Male in den Jahren 1983 und 1984) trafen sich Keith, Charlie, Bill, Ronnie und Mick zu Konzerten. Dann sind sie es wieder – die Rolling Stones. Eine Gruppe mit einer wechselvollen Geschichte. Eine Gruppe mit dem Nerv für das Geschäft. Und so sind sie dem von Mick Jagger formulierten Leitmotiv treu: »Ich wollte alles, es gehört alles zusammen. Geld, Ruhm, Bewunderung, ich wollte alles haben, aber warum? Schon sehr früh wird uns beigebracht, daß Versagen das Schlimmste ist, was einem Menschen passieren kann; wir dürfen nicht versagen, und du mußt allen anderen auf die Füße treten. Warum? Weil jemand gewinnen und jemand verlieren muß – und damit hat die Musik an sich wenig zu tun«.

Acht Stones schrieben an der Geschichte dieser Rockgruppe mit. Brian Jones ist tot.
Mick Taylor, sein erster Nachfolger, stieg nach einigen Jahren wieder aus. Als Gitarrist ist er danach, u. a. mit Bob Dylan, eigene Wege gegangen. Man trifft ihn heute auf vielen Sessions.
Ronnie Wood, der zweite Nachfolger auf dem Jones-Platz, tritt nicht allein auf. Anfang 1985 heiratete er eine gewisse Jo Howard. Für Aufsehen sorgten bei der Trauung Keith Richards, der während der Zeremonie einen Bratfisch verzehrte, und Charlie Watts, der während der Predigt lauthals Witze erzählte. Verärgerung und Einspruch des Pfarrers waren die Folge.
Am 10. Mai 1985 veröffentlichte die Londoner »Times« im Auftrag von »Fiandzei & Share – A Law Corporation«, einem kalifornischen Geldgeber, der Ronnie Wood 1983 einen Kredit in Höhe von über 180000 Mark gewährte, den Zahlungsbefehl für den Stones-Gitarristen, weil dieser trotz Mahnungsschreiben der Bank nie darauf reagiert hat.
Bill Wyman ist in England groß im Geschäft – als Komponist, Fotograf und Rockpublizist. Mit seiner Lebensgefährtin und Managerin Astrid Lundstrom arbeitet er an der Geschichte der Stones.
Charlie Watts spielt mit dem alten Freund und Stones-Gründungsmitglied Ian Stewart als »Rocket 88« in Blues-Kellern.

BLOOD TEST ORDERED FOR POP SINGER
HAIR STAR NAMES JAGGER IN LOVE-CHILD CASE
ROLLING STONES STAR ARRESTED
KEITH RICHARD ARRESTED: DRUGS TEST
M.J. + Jerry Hall

Keith Richards hat 1984 die amerikanische Schauspielerin Pattie Hansen geheiratet. Er sorgt noch immer für Schlagzeilen. Mick Jagger, der sich als Kopf der Stones sieht, ist ebenfalls in der Boulevardpresse »Gast«: 1983 brannte ihm Jerry Hall mit einem Millionär durch, kehrte jedoch bald – da sie ein Kind von Jagger erwartete – zu ihm zurück. Man will heiraten; zumal Jerry 1985 ein zweites Kind gebar. Jagger schreibt an einer Autobiographie. Die »echte« Stones-Geschichte.

In den Hitlisten

Von 1964–1976 erhielten die Rolling Stones außer 1970 jährlich »Goldene Schallplatten«.
In der Internationalen Interpreten-Hitliste Frühjahr 1985 sind sie beispielsweise vertreten:

→ als Gruppe auf dem 3. Platz (3,73 %)
→ als Gitarrist Keith Richards auf dem 6. Platz (3,36 %)
→ als Bassist Bill Wyman auf dem 8. Platz (2,73 %)
→ als Drummer Charlie Watts auf dem 7. Platz (2,50 %)

(Die Differenzen zu 100 % zeigen den Vorsprung der jeweils besser plazierten Musiker.)

Auf den in der BRD geführten Hitlisten waren Titel der Rolling Stones über folgende Zeiträume enthalten:

Single-Platten		Wochen	auf Platz
1964	It's All Over Now	12	14
1965	The Last Time	18	1
	Satisfaction	18	1
	Get Off Of My Cloud	14	1
1966	19th Nervous Breakdown	12	1
1967	Let's Spend The Night Together	16	1
1968	Jumpin' Jack Flash	10	1
1969	Honky Tonk Women	16	2
1970	Memo From Turner	3	30
1971	Brown Sugar	17	14
1972	Tumbling' Dice	22	17
1973	Angie	22	2
1974	Star Star	6	32
1976	Fool To Cry	6	12
1977	Satisfaction	2	38
1978	Miss You	21	12

LP

1965	The Rolling Stones Nr. II	32	1
1966	Aftermath	28	1
1967	Between The Buttons	24	2
1968	Their Satanic Majesties Request	20	4
1969	Beggar's Banquet	16	8
1970	Let It Bleed	20	3
1971	Sticky Fingers	22	1
1972	Exile On Main Street	22	2
1973	Goat's Head Soup	24	2
1974	It's Only Rock'n'Roll	12	12
1976	Black And Blue	20	15
1977	30 Greatest Hits	8	21
1978	Some Girls	21	6

»Solange es mir Spaß macht!« Interview mit Mick Jagger

Durch sein Video »Just Another Night« (1984) weiß man ja schon, daß auch der Rolling Stones-Boß Mick Jagger gelegentlich ohne die anderen Bandmitglieder arbeitet und auf Solopfaden wandelt. Im Frühjahr 1985 erschien das Album »She's The Boss«, mit dem Jagger zur Internationalen Frankfurter Musikmesse (BRD) an die Öffentlichkeit trat. Anläßlich der Fertigstellung dieser Produktion, an der internationale Spitzenmusiker wie Jeff Beck, Herbie Hangkok u. v. a. mitwirkten, gab Mick Jagger ein Interview.

Gewiß bleibt Jagger der Chef der Rolling Stones. Trotz Eigeninitiative aller Mitglieder der Gruppe achtet er daher auf ihren Zusammenhalt.

»Je älter wir werden, desto enger rücken wir zusammen«, kommentiert Mick Jagger das gegenwärtige Verhältnis der Stones zueinander. Und er erzählt, daß er mit Charlie Watts häufig zum Cricket geht.

1985 schmieden die Stones neue Pläne. Für den Herbst des Jahres steht eine große Stones-Tournee in Aussicht. Einer Tradition der Band folgend, soll dazu eine LP auf den Markt kommen.

Anfang 1985 erregte der musikalische Seitensprung Mick Jaggers – seine Soloproduktion »She's The Boss« – allseitig Aufmerksamkeit. Bereits Mitte des Jahres lag er damit in der BRD-Hitliste auf Platz 5 und in den USA auf Platz 14. Gab es deswegen Ärger unter den Stones?

Mick Jagger verneint die Frage und fügt hinzu: »Keith Richards hätte längst seine eigene Soloproduktion auf dem Markt haben können, wenn er nicht so faul wäre. Aber man muß ihm zugute halten, daß er seine ganze Kraft in den Dienst der Gruppe stellt. Gerade jetzt wieder als Produzent unserer neuen LP.«

Welchen Einfluß haben die unterschiedlichen Produzenten, beispielsweise Andrew Loog Oldham sowie die verschiedenen Aufnahmestudios auf die Musik der Stones gehabt?

»Oldham hat uns beeinflußt, aber es ist schwer zu sagen, wie er das machte. Vor allem ermutigte er uns und regte uns zum Schreiben an. Wir wollten Hits machen, egal was. Mir war klar, daß wir nicht bis in alle Ewigkeit alte Rhythm and Blues-Titel nachspielen konnten, zumindest nicht auf den Singles.

Das Chess Studio in Chicago war das erste Studio, in dem wir uns wirklich wohlfühlten. Sie hatten einen guten Klang dort. Damals waren die englischen Studios unglaublich schlecht, und ich weiß bis heute nicht, wie es die Beatles schafften, einen so guten Klang zu erzielen, obwohl sie bei EMI aufnahmen, in einem guten, aber altmodischen Studio, mit englischen Technikern.

Wir produzierten später in Kingsway, in einem der ersten modernen Studios, dann bei Regent Sound, bei RCA in Los Angeles ... Nur unsere ganz frühen Sachen waren noch spontan. Bei den anderen Aufnahmen hatten wir inzwischen gelernt, im Studio zu arbeiten.«

Oftmals wird die Frage gestellt, wer bei Autorenangabe Jagger/Richard(s) den jeweiligen Text geschrieben hat. Kann man das wirklich unterscheiden?

»Anfangs schrieb ich die meisten Texte, aber auch Keith schrieb einige Texte. Später begann ich zu komponieren. Aber die Leute scheinen zu wissen, was ich schrieb und was Keith. Ich weiß es jedenfalls nicht, und ich hab auch keine Lust, mich an einem solchen Spiel zu beteiligen. Es ist einfach egal.«

Gab es im Autorenteam Mick Jagger/Keith Richards niemals Spannungen?

»Nein! Oder doch, warten Sie ... ja, als ›Satisfaction‹ entstand – da hatten wir die einzigen wirklichen Meinungsverschiedenheiten zu einem Titel.

Doch jetzt schlagen unsere Herzen wieder im gleichen Rhythmus. Für die Stones!«

Über lange Zeit galten die Rolling Stones als eine Gruppe, deren Erfolg vor allem durch die Produktion von Singleplatten bestimmt wurde. Das änderte sich erst später. Wie kam es zu dieser Entwicklung?

»Wir kannten das Problem natürlich, und obwohl wir als eine Singleband angesehen wurden, interessierten wir uns sehr für die LPs, schon weil sich unsere LPs gut verkauften.

In den USA merkten wir, daß sich viele Radiostationen an die Titel hielten, die auf den LPs drauf waren, Langspielplatten waren wichtiger als Singles.

Eine ganze Zeit vernachlässigten wir dann die Singles, aber vor allem, weil es nicht möglich war, vier oder fünf Singles und zugleich zwei LPs pro Jahr zu machen. Wir sammelten dann einfach die Singles und die jeweiligen B-Seiten und stellten sie zu einer LP zusammen. Eigentlich wollten wir jedoch von Anfang an gute LPs produzieren. Unsere Hit-Langspielplatte machte einige Millionen.«

Wie war es denn wirklich, das Verhältnis zwischen den beiden Weltgruppen der sechziger Jahre, den Beatles und den Rolling Stones? Gab es einen harten Konkurrenzkampf oder, wie von anderen behauptet wird, eine freundschaftliche Zusammenarbeit?

»Nun, eine Freundschaft, wie oft behauptet wird, die hat es nie gegeben«, sagt Mick Jagger. Sein bekanntes Lächeln mit den weit nach unten gezogenen Mundwinkeln gibt jede Möglichkeit, diese Antwort zu interpretieren.

»Die Beatles waren blasiert und manchmal schwierig zu nehmen. Der Erfolg kam viel zu schnell für sie, sie waren Jungen aus der Provinz und wollten das keinen merken lassen. So wehrten sie viel ab, vielleicht wollten auch zuviele Leute was von ihnen. Natürlich gab es auch die musikalischen Rivalitäten zwischen den einzelnen Städten in England.«

Welchen Anspruch verbinden Sie mit Ihrer Musik, wie wollen Sie Ihre Musik verstanden wissen?

»Unsere Musik? Ja, wissen Sie, ich mache Musik, und ich möchte, daß man sie als eine solche versteht. Einfach so.«

Welche Frage ist Ihnen von Journalisten am häufigsten gestellt worden?

»Das weiß ich nicht! Aber, nachdem ich die Mitte Dreißig überschritten habe, war es die nach dem Mißverhältnis zwischen dem Alter eines Rocksängers und seinem Image.«

Ist denn ein Rocksänger in den »mittleren Jahren« nicht doch ein Anachronismus?

»Überhaupt nicht. Wie gut man ist – darauf kommt es an. Und ich bin immer noch gut. Wir alle sind noch gut. Aber natürlich – mein ganzes Leben werde ich nicht Rock singen, bestimmt nicht.«

Und wie lange werden Sie noch auf der Bühne stehen?

»Solange es mir Spaß macht!«

Fragen nach dem persönlichen Leben hört Mick Jagger im fortgeschrittenen Alter nicht mehr allzu gern. Solchen Fragen weicht er daher lieber aus. Ausgenommen einer: Wann war der schönste Augenblick in Ihrem Leben?

»Als mein Töchterchen Jade geboren wurde. Auf diesen Augenblick hatte ich mich so lange wie noch nie auf etwas gefreut.«

„Weiter bis in alle Ewigkeit“

Jaggers Töchter Jade und Karis – sie wachsen in einem Internat auf – werden eventuell in die musikalischen Fußstapfen ihres Vaters treten. Jade als Schauspielerin, Karis als Sängerin.

Die Stones und die Politik – ein brisantes Thema. Was meint Mick Jagger dazu?
»In den sechziger Jahren waren wir eine Gruppe für die revolutionäre Jugend der Welt. Wir kämpften mit Musik und Marihuana gegen den schmutzigen Krieg der Amerikaner in Vietnam.«
Gab es auch Einflüsse der sogenannten Flower-Power-Bewegung auf die Stones?
Mick Jagger: »Nein. In Jumpin' Jack Flash beispielsweise gab es keine Liebe, keinen Frieden und keine Blumen. Wir folgten nie sklavisch irgendwelchen Trends, auch wenn wir uns über ihre Existenz stets bewußt waren. Vielleicht liegen hier auch die Ursachen für die Tatsache, daß wir so lange weitermachen konnten.«
Was halten Sie von der Politik?
»Leute wie Reagan, die ziemlich naiv mit der Politik spielen, sind gefährlich.«
Und auf den englischen Bergarbeiterstreik 1984/85 anspielend sagt Mick Jagger: »Den englischen Arbeitern gehört meine Sympathie. Sie haben verdammt harte Zeiten durchzustehen, vor allem die Familien mit Kindern.«
Auch wenn bei den Plattenproduktionen oder Tourneen Möglichkeiten für musikalische Beweise solcher Standpunkte noch nicht genutzt wurden, ist Mick Jagger bei Fragen und Problemen des Lebens in unserer Zeit ein interessanter Partner. Vielleicht ist manches Neue in seiner Autobiographie zu erwarten ...
»Ich will darin über mein Leben sprechen und über meine Stellung innerhalb der Stones. Die politische Entwicklung unserer Gesellschaft – vor allem der Jugend – in den sechziger Jahren soll synchron mit meiner Entwicklung beleuchtet werden. Soweit bin ich derzeit. Mein Lebensweg nach den großen Stones-Jahren, also die letzten 15 Jahre, steht noch aus.«
Über ein zweites Buchprojekt eines Gruppenmitgliedes, das Buch Bill Wymans befragt, sagt Jagger: »Es wird ein völlig anderes Werk werden, auch wenn ich mit einem Teil meines Lebens vorkommen werde. Bill – übrigens ein fleißiger Archivsammler über die Stones – schreibt an Hand seiner zahlreichen Fakten die Geschichte der Stones aus der Sicht eines ihrer Mitglieder. Auch dieses Manuskript wird – wie übrigens jedes Buch über die Stones – durch die Brille seines Autors gesehen.«
»She's The Boss« enthält wiederum einen Titel des nun fast klassischen Autorenteams Jagger/Richards: »Lonely At The Top«. Also funktioniert Eure Zusammenarbeit weiter?
»Selbstverständlich! Keith und ich haben diesen Song für die neue Stones-LP geschrieben. Aber, nachdem wir ihn produziert hatten, gefiel er uns nicht. Er wurde fallen gelassen. Ich habe ihn noch etwas umgearbeitet. Und für meine Soloarbeit eignet er sich bestens. Keith, mit dem ich übrigens auch bereits wieder an neuen Titeln für die Stones arbeite, war damit einverstanden.«

Geschäfte – nicht nur mit Musik

Ein bürgerlicher Publizist nannte einmal die Faktoren, die im Mittelpunkt des Images der Stones stehen: Musik, Frauen und Rauschgift. Und alle drei Elemente befänden sich in einem engen Wechselverhältnis.
Betrachtet man die zahlreichen Skandale mit Frauen, die Auseinandersetzungen mit den Justizbehörden wegen Rauschgift, in die die Stones verwickelt waren, könnte man einigermaßen erstaunt sein. Andere Stars würden alles unternehmen, so wenig wie möglich davon an das Licht der Öffentlichkeit und insbesondere in die Medien gelangen zu lassen.

Nicht jedoch die Stones – sie ließen nach allen Regeln der Public Relation möglichst viele Fakten an die Öffentlichkeit bringen. Es war gut für das Geschäft. Entscheidend war ja allein die Frage, daß man in den Medien präsent war.
Dafür wurde in Kauf genommen, daß die Würde und das Ansehen der die Musiker umgebenden Frauen oftmals mit Füßen getreten, daß andere Rauschgiftkranke öffentlich bloßgestellt wurden. Hauptsache, die Stones waren auf den Titelseiten der Boulevardpresse. Damit begann sich dann der Kreis zu schließen, in dessen Mittelpunkt immer wieder das Geld stand. Wenige Beispiele mögen dies belegen.

Da wäre Anita Pallenberg.
Sie entstammt einer alten schwedisch-italienischen Künstlerfamilie nicht unbedeutender Maler. Auch sie wandte sich zunächst der bildenden Kunst zu und wurde Restauratorin. In den sechziger Jahren war sie dann in der BRD Filmschauspielerin und ein begehrtes Fotomodell für Werbefilme.
Brian Jones lernte die langbeinige Blondine während der BRD-Tournee der Stones 1965 kennen. Sie hatte es ihm bald angetan und wurde seine Verlobte.
Anita Pallenberg setzte ihre ganze Kraft ein, um dem neurotisch geschädigten Alkoholiker und drogenabhängigen Brian wieder Selbstvertrauen zu verschaffen. Streckenweise war sie damit erfolgreich. Sie stand an seiner Seite, als er von den sechs Müttern seiner sechs unehelichen Kinder zur Kasse gebeten wurde; sie stand an seiner Seite, als er wegen Unzucht mit Vierzehnjährigen von der Polizei verhört wurde.
Das hinderte Brian Jones jedoch nicht, in der Presse Beispiele über Anitas angebliche abnorme Sexualität zum Besten zu geben. Die gelegentlich in Gaststätten gespielten Streitereien verfehlten ihre Absicht nicht. Sie verliefen ganz im Stil des gemeinsamen Films »Mord und Totschlag«, in dem Anita die Hauptrolle spielte – eine gute Werbung. Nach einem dieser Zwischenfälle habe Keith Richard Anita »entführt« und so vor Brians Wut »gerettet«, wird später in die Welt gesetzt.
1969, bei den Dreharbeiten zum Kohlhaas-Film, ist das Filmpaar Anita Pallenberg und

Keith Richard bereits privat ein Paar. Sie leben zusammen.
Die Boulevardpresse schreibt darüberhinaus von Bindungen zu allen Stones. Man spricht von ihr als Hexe mit einem zauberhaften Einfluß auf die Gruppe.
Der spektakuläre Sexfilm »Performance« (1970) ließ davon einiges spüren: Anita und Mick Jagger nackt in fragwürdigen Posen. Einige Filmmeter brachten im Schwarzhandel ein großes Geschäft.
Am 18. August 1969 wurde Anitas und Keiths erstes Kind – der Sohn Marlon – geboren, am 17. April 1972 ihre Tochter Dandelion und am 26. März 1976 ihr Sohn Tara, der jedoch am 4. Juni 1976 an einer Virusgrippe starb.
Anfang der siebziger Jahre war Anita mehrfach in Drogenskandale verwickelt. In Nizza erhob der Staatsanwalt gegen sie Anklage. 1976 wollten Anita und Keith heiraten, doch sie gerieten immer mehr in eine Krise. Während sie Marlon verhätschelten, vernachlässigten sie die sprachgestörte Tochter, so daß sich Mick und Bianca Jagger um das Kind kümmerten. Das Kind wird später unter neuem Namen von Keiths Mutter aufgezogen. Keith Richard und Anita Pallenberg gehören – so oftmals beider Äußerungen – »zusammen«, selbst wenn sie nicht mehr zusammen sind.
Anita Pallenberg, eine kranke Frau, lebt in der Erinnerung an Keith, er legt in Interviews Bettgeschichten dar und spricht abfällig über die »kaputte« Anita. Sie wohnt gegenwärtig in einem bescheidenen Haus auf Long Island. Hin und wieder gerät sie in die Schlagzeilen der Presse. So erschoß sich 1980 auf ihrem Bett ein Fan der Stones, 1983 geriet sie in London in eine Drogengroßrazzia.
Eine andere Frau begleitete ebenfalls lange Jahre die Stones – Marianne Faithfull.
1947 wurde sie als Tochter einer österreichischen Baronin geboren. Ihr Vater war ein englischer Philologe, der im zweiten Weltkrieg als Widerstandskämpfer in der jugoslawischen Partisanenarmee kämpfte.
Sie wurde früh an die Künste herangeführt und fand Interesse am Folksong. Nach ersten Schallplattenaufnahmen lernte sie Mick Jagger, Keith Richard und ihren späteren Ehemann, den Kunststudenten John Dunbar, kennen. Diese Ehe war allerdings nur von kurzer Dauer, trotz des Sohnes Nicolas. Marianne betrog ihren Mann zunächst mit Brian Jones, dann mit Keith Richard. Schließlich zog sie zu Mick Jagger. 1970 wurde ihre Ehe mit John Dunbar wegen Ehebruchs geschieden. Auch Marianne wurde von den Stones in die »Welt des Rausches« eingeführt.
Sie war in zahlreiche Drogenskandale verwickelt und kam mehrere Male mit dem Gesetz in Konflikt; jedoch fand sie erst die Kraft, sich von Jagger zu lösen, als sie erlebte, wie die Stones Brian Jones zerstörten.
Es ernüchterte sie, als Mick Jagger sie aufforderte, die Schuld auf sich zu nehmen, wenn sie bei Razzien von der Polizei geschnappt würden.
Marianne hat viel für Micks kulturelle Bildung getan. Als Dank wurde sie von ihm in der Öffentlichkeit bloßgestellt. Es spricht für Marianne Faithfull, daß sie bislang alle Angebote, ihre Beziehungen zu den Stones publizistisch »auszuschlachten«, ablehnte.
Nach einer Fehlgeburt begann sie sich von Jagger innerlich zu entfernen. Ein Selbstmordversuch sollte noch einmal ihre Zweifel lösen, dann verließ sie ihn endgültig.
Seit 1977 lebt sie mit dem Gitarristen Ben Brierley, der in der Rockszene als Ben Ficial bekannt ist, verarmt in England.
Die Zeiten, in denen sie eine anerkannte Songinterpretin war, sind lange vorbei.

Viele Frauen spielten im Leben der Stones diese oder jene Rolle. Geregelte Verhältnisse gab und gibt es bei Stone Charlie Watts, der mit seiner Frau Anne Shirley und ihrer 1968 geborenen Tochter Serafina in England lebt.
Auch Mick Taylor und seine Frau Rose (ihrer Ehe entstammt die Tochter Chloe) erzeugen keine Schlagzeilen in der Klatschpresse.
Zwei Frauen hingegen sorgten noch für die notwendige Publicity eines Stone: Marsha Hunt und Bianca Jagger.
Die farbige Sängerin Marsha Hunt, bekannt

durch das Musical »Hair«, klagte 1973 auf Vaterschaftsanerkennung für ihre Tochter Karis gegen Mick Jagger. Man einigte sich außergerichtlich.

Bianca Perez Morena de Macias, die Tochter eines nikaraguanischen Geschäftsmannes, verließ 1960 Nikaragua, das Land des brutalen Somoza-Regimes. Gleich ihrem Bruder distanzierte sie sich von den Familienangehörigen, die im Dienst des Regimes standen, unter ihnen der Botschafter Nikaraguas in der BRD.

Sie erhielt ein Stipendium der französischen Regierung und studierte politische Wissenschaften.

Am 12. Mai 1975 heirateten in St. Tropez Mick Jagger und Bianca. Die Hochzeit gestaltete sich zu einem kleinen Skandal. Man konnte sich zunächst nicht über den Ehevertrag einigen. Hunderte Journalisten mußten warten. Zeitweise war die Trauung in Frage gestellt, bis sie schließlich doch vollzogen wurde.

Am 21. Oktober 1975 wurde beider Tochter Jade geboren. Bianca Jagger wurde zu einem Modestar, der sich gern sozial gab und für Entwicklungsländer sammelte.

Ab 1977 bröckelte es in der Ehe. Beide hatten immer wieder Beziehungen zu anderen Partnern. Jagger zeigte sich mit der Texanerin Jerry Hall, Bianca unter anderem mit dem Sohn des USA-Präsidenten Ford. 1978 reichte Bianca die Scheidung ein. 1980 wurde die Ehe geschieden, sie erhielt eine Million Dollar Abfindung. Seitdem lebt Bianca in New York und leistet Sozialarbeit.

Das Geschäft der Rolling Stones-Musiker mit dem Rauschgift war vielfältig. Skrupellose Händler verdienten an den zahlungskräftigen Stones Riesensummen. Offensichtlich betrieb der eine oder andere Stone jedoch ein einträgliches Nebengeschäft. Es gilt als nachgewiesen, daß sie Showkünstlern, Gästen ihrer Partys oder Fans Rauschmittel in kleinen Mengen zu Aufpreisen weiterreichten. Nach wie vor profitiert die Gruppe aus den Skandalberichten in Sachen Rauschgift. Das Rauschgift begleitet die Stones ihre ganze Karriere über. Brian Jones ging daran zugrunde. Razzien bei Mick Jagger und Keith Richards standen seit der im Februar 1967 in »News Of The World Sunday« enthüllten Drogenparty der Stones auf der Tagesordnung, über Prozesse, in der – wie sie selbst einschätzten – »kaputten Zeit« Sommer 1967 ist schon an anderer Stelle geschrieben worden. Durch die westliche Presse wurden in den vergangenen 15 Jahren »Tagebuch-Notizen« von Mick Jagger gereicht. Bei der Einschätzung ihres Wahrheitsgehaltes muß man allerdings vorsichtig sein. Bei der Veröffentlichung hat Shirley Arnold, die fast 10 Jahre die Sekretärin der Stones war und später Leiterin des überregionalen Stones-Fanclubes wurde, die Hände im Spiel gehabt.

Dabei werden stets Beispiele von Drogenpartys publiziert. Authentisches Beweismaterial von Gerichtsverhandlungen einzelner Stones ist jedenfalls nicht aus der Welt zu schaffen.

Eigentlich ist nur Bill Wyman – »unser ausgeglichenster Mann« (Mick Jagger) – dem Rauschgift erfolgreich ausgewichen.

In Film und Fernsehen

Immer haben die Rolling Stones von dem großen Film geträumt. Mammutunternehmen gab es zwar ausreichend; das Filmkunstwerk (Jagger sprach einmal von einem »Panzerkreuzer Potemkin«) blieb bislang allerdings aus.
1964 gab es den ersten Musikfilm der Electrovision/Screen, »Teenage Command Performance« (auch unter dem Titel »The Tami Show« zum Einsatz gekommen). In diesem fast zweistündigen Schwarzweißfilm waren die Stones mit fünf Titeln dabei. Weitere Mitwirkende »The Beach Boys«, »Billy J. Kramer and The Dakotas«, Marvon Gaye und »The Barbarinas« u. a. Besonders eindrucksvolle Stonestitel sind »Around And Around« und »Time Is On My Side«. Ein Jahr später, 1965, der erste eigene Film, »Charlie Is My Darling«. In der Regie von Peter Whitehead (Produktion Lorrimer Film) gestaltet der sechzigminütige Schwarzweißstreifen zwei Tage einer Tournee durch Irland. Der Film bringt ausschließlich Titel von Mick Jagger, Keith Richard und Andrew Loog Oldham.

Ein inhaltlich umstrittener Farbfilm wird 1966 von der BRD-Firma Rob. O. Hauwer Films gedreht: In München erschießt eine Kellnerin aus Versehen ihren früheren Freund. Sie läßt die Leiche wegschaffen. Darauf baut sich eine turbulente Handlung auf. In der Hauptrolle Anita Pallenberg; Regie Volker Schlöndorff. Stone Brian Jones zeichnet für Komposition und Mischproduktion verantwortlich. »Mord und Totschlag« wurde der offizielle Beitrag der BRD zum Filmfestival in Cannes.

1967 entschließt sich wiederum Lorrimer Film zur Produktion eines fast zweistündigen Farbstreifens. »Tonite Let's All Make Love In London«. Regie führt wieder Peter Whitehead. Es wirken u. a. Andrew Loog Oldham, Genevieve, »Pink Floyd« und Edna O'Brien mit. »London swingt« wurde der Film, dessen Hintergrund die Londoner Unterhaltungsszene bildet, in der Presse genannt.
Neben einem Auftritt der Stones enthält der Film ein Interview mit Mick Jagger. (Zum Film wurde eine gesonderte LP – Instant INLP 002 – mit der kompletten Filmmusik und dem Jagger-Interview angeboten).
1968 entsteht ein Spielfilm, »One Plus One«. Dieser Farbfilm der Cupid Productions lief in den USA unter dem Titel »Sympathy For The Devil«. Unter der Regie von Jean Luc Godard spielen in diesem Film Mick Jagger, Keith Richard, Charlie Watts, Brian Jones und Bill Wyman neben vielen anderen. Eine Mischung aus Studio- und Liebesgeschichte.
1969 dann ein Film, der aufhorchen läßt, »Michael Kohlhaas – Der Rebell«. Dieser Farbfilm der Ocean Film Production versucht, eine Bauernrevolte darzustellen, sozialkritisch Hintergründe von Tyrannei bloß-

zulegen und den revolutionären Volksmassen ein Denkmal zu setzen. In verschiedenen Rollen sind Anita Pallenberg und Keith Richard zu erleben. Der Film enthält jedoch keine Stones-Musik.
Diese sollte wieder in einem Streifen der Puck-Films, »ZAP« (auch unter dem Titel »Invocation Of My Demon Brother« zum Einsatz gekommen), erklingen. Für den zehnminütigen Farbfilm, in dem die Stones als Gruppe mitwirkten, schrieb Mick Jagger die Musik. Es ging um die Mächte der Finsternis!
1970 wirkt wieder ein Stone als Filmschauspieler: Mick Jagger spielt die Titelrolle in dem Farbfilm der Woodfoll Productions »Ned Kelly«. Unter der Regie von Tony Richardson erhält dieser Streifen sozialkritische Elemente: Kelly auf der Suche nach einer »Freien Republik Viktoria«. Die Handlung erinnert an manchen kritischen Stones-Text der Frühzeit. Der Film wird in Australien, wo der legendäre Kelly lebte, uraufgeführt. Parallel zum Film erscheint eine LP mit der Filmmusik (United Artistes UAS 29 108), auf ihr Mick Jagger.
Dann 1970 der spektakuläre Streifen »Performance«. Für Warner Brothers / Seven Arts produziert Goodtimes Enterprises einen abendfüllenden Farbfilm. Es agieren wiederum Anita Pallenberg und Mick Jagger. Produzent Sanford Lieberson und Regisseur Nicolas Rolg inszenieren eine dekadent perverse Rauschgift- und Sexshow, die in das »Leben« eines Rockstars eingebettet wird. In der seriösen Filmpublizistik wurde festgestellt, daß die Handlung mit der Lebenshaltung einzelner Stones verwandt ist. Auch hierzu wird eine Film-LP (Warner Brothers WS 2554) mit Jagger- und Richard-Titeln und Jagger als Sänger angeboten.

Gleichfalls 1970 entsteht bei 20th Century Fox der Stones-Report der Maysles-Film-Production »Gimme Shelter« – Dokumentationen verschiedener Konzerte. Durch 16-Spur-Musik-Aufnahmen erreicht der Film eine hohe musikalische Wiedergabequalität. Drei Regisseure werden für den Streifen aufgeboten – David Maysles, Albert Maysles und Charlotte Zwerin. Im Verlauf der Dokumentation über die Tournee 1969 durch die USA zeigt der Streifen minutiös die Ermordung von Meredith Hunter.
Nunmehr tritt eine mehrjährige Filmpause ein. Dann entsteht 1974 der Musikfilm »Ladies And Gentlemen, The Rolling Stones« der Cheso-Bingo-Butterfly-Production. Unter Regie von Rollin Binzar bringt der Film zwar »nur« 15 Songs der Stones, aufgenommen während eines Konzerts im texanischen Fort Worth während der Amerika-Tournee 1972, wird aber auf Grund der klugen Programmgestaltung dieses Konzerts zu einer Rockdokumentation über die Musizierweise der Stones in ihrem ersten Jahrzehnt.
Mit Informationen über ihre Filmprojekte versuchten die Stones stets, die für sie nötige Publicity, besonders in der Boulevardpresse aufrechtzuerhalten.
Und die Schlagzeilen waren vorhanden, selbst wenn die künstlerischen Ergebnisse sich nicht einstellten oder die Projekte gar ganz ins Wasser fielen.
So brachte man bereits 1964 großspurig Nachrichten in die Presse, daß ein Lionel Bart das Drehbuch für den ersten Stones-Film fertiggestellt habe. Man warte nur noch auf einen bekannten Produzenten, dessen Namen man allerdings noch nicht nennen wolle. Man wartet allerdings auch heute noch.
Im Februar 1966 erklärten Mick Jagger und Keith Richard vor der internationalen Presse: In wenigen Wochen gehe der nunmehr »erste, richtige Stones-Film«, »Back Behind, And In Front« in die Produktion. Das Projekt ist nie realisiert worden!
Auch der angekündigte große Film nach »Only Lovers Left Alive« läßt seit 1966 auf sich warten.

Bei Fernsehproduktionen wurden mit und über die Rolling Stones Hunderttausende Meter Film hergestellt. Über alle großen Tourneen drehten die jeweiligen nationalen Fernsehgesellschaften Dokumentationen der Konzerte. Darüber hinaus gab es zahlreiche überregionale TV-Produktionen, die ähnlich wie die Filme international eingesetzt wurden.

Zu den wichtigsten dieser Produktionen gehören:

1964 mit den Beatles die TV-Show vom New Musical Express,

1964 die Rolling Stones als Kampfrichter der »Juke Box Jury« der BBC London,

1964 Tami-TV Los Angeles: eine Show gemeinsam mit den »Beach Boys«,

1967 »The Trials of Oscar Wilde« mit Mick Jagger als Oscar Wilde, Keith Richard als Marquis von Queensbury und Marianne Faithfull als Bosie (nur in Szenen; Gesamtfernsehfilmprojekt unvollendet),

1968 »Jumpin' Jack Flash« – eine Show um eine neue LP,

1968/1969 »The Rolling Stones Rock'n'Roll Show« (Rock-Zirkus) Der Einsatz des Fernsehfilms wird jahrelang verzögert.

1971 Partyshow im Londoner Marquee Club. Wegen der Zwischenfälle, die die Stones provozieren, lehnt BBC die Ausstrahlung ab. Der Film wird in der BRD gesendet.

1971 Erste Farbfernsehserie in Granada-TV »The Stones in The Park«,

1972 »Old Grey Whistle Test«, ein Sonderfilm für das Fernsehfilm-Festival Montreux,

1972 »Cocksucker Blues«, ein Report der USA-Tournee 1972 (wird dann in Teilen in der Serie »Music And The Movies« gezeigt; eine Gesamtveröffentlichung wird von den Stones solange abgelehnt, solange sie als Gruppe bestehen).

1978–1982 drehte Werner Herzog in Peru den Spielfilm »Fitzcarraldo« mit Klaus Kinski und Claudia Cardinale in den Hauptrollen. Der Film erzählt die Geschichte des geldgierigen Indianerschinders Fermin Fitzcarraldo, der Ende des vergangenen Jahrhunderts als »Kautschuk-Baron« besonders brutal gegen die Ureinwohner vorging.
Doch nach einigen Wochen Dreharbeiten gab es Skandale: Herzog wollte besonders realistisch sein und verfolgte seine künstlerische Absicht rücksichtslos. Als es unter den die Statisten darstellenden Indianern während der Dreharbeiten Tote und Ver-

1967
1963-1964
Der Blues kam aus dem Dartford Delta
1965-1966
Die wilden Jahre auf der Straße
1967-1969
Erschöpft,
Pleite (beinahe)
und verhaftet
1970-1976
Rolling Stones Superstars

letzte gab und der Präsident des Rates der Indianerstämme gegen die brutalen Drehpraktiken öffentlich protestierte, traten drei Hauptdarsteller demonstrativ von dem Filmprojekt zurück: Jason Robards, Mario Adorf und Mick Jagger.

In den achtziger Jahren beginnt für die Stones eine neue Profitquelle wirksam zu werden, der Videofilm sowie der dazugehörige Markt.
Geschäftstüchtige Produzenten vereinbaren mit den Stones die Auswertung des vorhandenen Filmmaterials. Zusätzlich werden neue Produktionen gemacht.
Ende 1983 erscheint das bislang letzte Album der Rolling Stones. Es wurde mit einem Videofilm gekoppelt, den beispielsweise BBC-London-TV als zu aggressiv für eine Ausstrahlung in der Beat- und Rock-Fernsehsendung »Top of the Pops« einschätzte. Der private Kaufwert stieg dadurch beträchtlich. Heute kann man in allen westlichen Show-Supermärkten Stones-Videofilme kaufen. Doch das Geschäft scheint trotzdem unter den Erwartungen zu bleiben. Immerhin kauft sich der Normalverbraucher eine Videoanlage nicht so selbstverständlich wie einen Plattenspieler oder einen Kassettenrecorder. Also suchte man nach neuen Wegen. »Video-Show-Theater« eröffnen hier einen weiteren Markt.
Die Musikmesse in Frankfurt am Main (BRD) gehört in jedem Februar zu den Höhepunkten des internationalen Musikangebotes. Neben der Handelstätigkeit enthält die Veranstaltung mit »Musikmesse im Concert« ein Rahmenkulturprogramm. Die 1985er Musikmesse bot mit »Videon« einen Beitrag »Von den Stones bis zu den Stones«. 2700 Karten zu je 140 DM wurden verkauft, eine 100-Quadratmeter-Riesenleinwand aufgestellt und die erste Showaufzeichnung sowie der neueste Videofilm wurden vorgeführt. Der Funke sollte von der Leinwand auf das Parkett überspringen. »Bei der ›Video‹-Show in der Kongreßhalle fand die versprochene Raserei nur auf der Leinwand statt«, schrieb die »Frankfurter Rundschau« tags darauf.
Trotz des verhaltenen Presseechos stellte die Veranstaltung für die Stones einen gewissen Anerkennungserfolg dar. Ihre Beiträge werden auch von der Generation in den mittachtziger Jahren dieses Jahrhunderts respektiert.

Die Rolling Stones über sich und andere über sie

Erstens brauchst du nicht viel Geld, um Musik zu machen, zweitens ist der Wunsch, reich zu werden, stets ein Teil des Rocktraumes gewesen. Nur noch durch stehlen hätte ich so reich wie jetzt werden können. Schnell reich zu werden, ist ein Teil der Rockphantasie.
Für viele heißt diese Phantasie: ein großes Auto, viele Frauen und genug Geld, um alles zu bezahlen.
So ist es und so wird es bleiben. Jeder, der etwas anderes sagt, redet Quatsch.

Mick Jagger

Wir neigen zu kommerziellen Dingen – sowohl bei den Konzerten wie auf den Platten.

Bill Wyman

Einige Gruppen geben Konzerte. Wir aber erleben Tumulte.

Brian Jones

Was wir tun, ist Krach. Wenn man freundlich ist, könnte man es Musik nennen.

Mick Jagger

Die britische Musikszene ist total ausgebrannt.
Seit langem hat es nichts Neues gegeben ... Erst gab es die Beatles, dann uns, jetzt gibt es nichts!

Mick Jagger

Ich mache mir nicht vor, daß wir größer als die Beatles sind. Man muß anerkennen, daß sie ein Phänomen sind.

Brian Jones

Ich werde nur krank, wenn ich keine Drogen nehme.

Keith Richards

Identifiziert Ihr Euch mit der revolutionären Jugend Amerikas? »Wir stehen hinter Euch.«
Was ist mit dem Vietnamkrieg?
»Bringt ihn hinter Euch, so schnell Ihr könnt.«
Was halten Sie davon, daß John Lennon seinen MBE-Orden der Queen zurückgegeben hat?
»Er hätte das schon tun sollen, als er ihn erhielt.«

Mick Jagger in einem Interview

Ich gehe gern in Klubs mit sechs Bands pro Abend, und man sieht sie alle und kann sich an ihre Namen nicht erinnern. Platten interessieren mich nicht so sehr, ich sehe die Bands lieber live.

Mick Jagger

Reggae war – nachdem Disco- die Soulmusik abgelöst hatte – für uns die einzig akzeptable Spielart schwarzer Musik.

Reggae gab uns etwas, was wir bis dahin aus der farbigen Musik der USA gezogen hatten.

Keith Richards

Die 5 1/2 Jahre mit den Stones waren aufregend und inspirierend. Ich respektiere die anderen als Musiker und Menschen. Ich bewundere auch die Gruppe, aber ich habe nun das Gefühl, daß es Zeit ist, etwas Neues anzupacken.

Mick Taylor

Nun kann man über Musik reden, wie man will – ein Trugschluß wäre es auf jeden Fall, die Stones lediglich als gemeinnütziges Vergnügungs-Quintett zu betrachten – fraglos teilt sich ein großes Industrieunternehmen mit, das völlig den Gesetzen des kapitalistischen Marktes, dem Profitkampf unterworfen ist und in diesem Sinne handelt.

Jürgen Balitzki
Rockpublizist

Die Musik der Stones könnte der Beginn einer Revolution sein.

Jean-Luc Godard
Regisseur des Stones-Films »One Plus One«

Für die Stones war revolutionärer Heroismus stets lediglich eine Pose und der Rock'n'Roll nur ein wenig Paprika auf dem atomaren Fernsehabendbrot.

Stanley Booth
amerikanischer Kritiker

Auch seinen von schwarzen Blues- und Soulinterpreten abgeleiteten Vokalstil entwickelte Jagger im Laufe der Jahre zu einem unverwechselbaren, kaum zu kopierenden Sound. Zusammen mit Keith Richard schrieb er fast sämtliche Stones-Stücke, die der jeweiligen Stimmung auf der Rockszene stets genau entsprechen. Mit allem wurde Jagger zum Auslöser und Idol einer vordem unbekannten Teenager-Massenhysterie, die den Elvis-Presley-Kult der fünfziger Jahre bei weitem überbot.

Siegfried Schmidt-Joos
Publizist

Das gewalttätige Image der Rolling Stones entsprach viel stärker der Gefühlswelt von Brian als der von Mick, der nie der Rebell sein wollte, der Brian seit seiner Jugend war.
Und trotzdem spürte ich bei Mick bereits bei unserem ersten Treffen eine Stärke, eine Unruhe, die mich innerlich aufhorchen ließ.

Alexis Korner

Der Herzog von Marlborough hatte viel längere Haare als mein Klient. Und er gewann einige berühmte Schlachten. Sein Haar war gepudert, ich denke mir, wegen der Flöhe. Mein Klient hat keine Flöhe!

Rechtsanwalt Dale Perkinson
über Mick Jagger

Ich habe die Stones einmal in den Staaten erlebt. Sie hatten gerade ein neues Album veröffentlicht und wollten ein paar Stücke spielen. Mick mußte sich fast beim Publikum dafür entschuldigen. Und er hat sicher den Kredit, wir haben ihn alle.
Das ist nicht das Problem.
Es geht darum, daß ein Konzertpublikum aus ganz normalen Menschen besteht. Es sind keine Kritiker, Plattenbosse, sondern einfache Leute. Die kommen, um Mick Jagger zu sehen und sie wollen natürlich »Jumpin' Jack Flash« und »Honky Tonk Women« hören ...
In dem Stones-Konzert setzte Mick die neuen Sachen durch: »Wir wollen es spielen – und ihr werdet mal 20 Minuten warten können, oder?« Ich saß da, es war wirklich gut – aber ich gähnte.

Paul McCartney

Erst in blutrotes, dann in gelbflammendes Licht getaucht, stript er sich aus der Jacke, geht zu Boden, schwingt den Gürtel wie eine Peitsche – ein Vorgang, der heraus-

fordernd, aber nie peinlich ist, weil er das genaue Korrelat zu der losgelassenen Musik darstellt.

»Die Zeit«, Hamburg
über Mick Jagger

Man sagt, ich hätte die Stones »gemacht«. Das ist nicht richtig – sie waren schon da. Ich mußte sie nur vermarkten.

Andrew Loog Oldham
Manager

Wenn Brian Jones, Bill Wyman, Charlie Watts und ich nie das Licht dieser Welt erblickt hätten, so hätten Mick und Keith dennoch eine Gruppe gegründet, die ebenso wie die Rolling Stones ausgesehen und geklungen hätte.

Ian Stewart
Gründungsmitglied der Stones

Am schlimmsten sind die Rolling Stones. Der eine sieht aus, als hätte er einen Staubwedel auf dem Kopf.

Wallace Scowcroft
Präsident der Nationalen
Friseurvereinigung Englands

Die Rolling Stones sind nicht irgendeine Gruppe, sie sind ein Way of life.

Andrew Loog Oldham
Manager

Gibt es nicht irgendeinen Abgeordneten, der Mut hat, ein Gesetz einzubringen, das die Jungen zwingt, sich die Haare schneiden zu lassen.

Leserbrief im »Daily Mirror«

Jeder war zu jener Zeit verrückt nach den Beatles, es war deshalb schwierig, Leute im Geschäft davon zu überzeugen, daß die Stones keineswegs John, Paul, George und Ringo zu kopieren versuchen.

Eric Easton
Stones-Manager

Meine Beziehung zu Mick ist äußerst wichtig. Was er mir gibt, das spielt keine Rolle, es ist genug, daß er gibt.

Marianne Faithfull

Die Band, nach der sie sich drehen, winden, twisten, nennt sich »The Rolling Stones«.
Vielleicht habt ihr von ihnen noch nichts gehört. Und wenn ihr von London weit entfernt wohnt, ist das sogar wahrscheinlich.
Aber bei Gott – das wird sich ändern!
Den Stones ist es vergönnt, die größte Gruppe in der Rhythm and Blues-Szene zu werden.

Norman Joplin
in »Record Mirror«

Wirklichkeit und Legende

Wahrscheinlich wird es nie möglich sein, bis zur vollen Wahrheit über einen Star oder eine ganze Gruppe von Musikern in der kapitalistischen Unterhaltungsindustrie vorzudringen. Zu viele Widerstände verhindern dies, nicht zuletzt die subjektive Sicht der Betroffenen selbst, die sich oftmals über ihre eigene Stellung im System bzw. in der Produktion der Unterhaltungsmusik nicht klar sind.

Der Umfang, in dem gegenwärtig durch die imperialistischen Massenmedien Unterhaltung angeboten wird, ist im Verlauf der letzten dreißig Jahre, befördert durch die technische Entwicklung, vor allem die Entwicklung der Elektronik, wesentlich gestiegen. Jederzeit ist es möglich, durch Einschalten des Radios oder Fernsehers oder durch Abspielen von Ton- und Bildträgern Produkte der Unterhaltungsindustrie zu nutzen, einer Industrie, die sich im genannten Zeitraum zu einer Großindustrie entwickelte. Unterhaltung, die von Massenmedien vermittelt wird, kann nur industriell hergestellt werden. Voraussetzung wiederum beispielsweise für das Hören von Schallplatten ist die Herstellung von Plattenspielern. So ergibt sich die enge Verflechtung zwischen den Produzenten der Musik und der Platten zu den Herstellern der Wiedergabegeräte. Und – um nur bei diesem Beispiel zu bleiben – der Zwang, ständig neue Produkte anzubieten, der zu immer neuen Entwicklungen wie Stereoanlagen oder Hi-Fi-Technik führte, erzeugt wiederum den Zwang, entsprechende Musik zu produzieren, um den Käufer anzuregen, die neuen Wiedergabegeräte anzuschaffen.

Durch ihren Warencharakter wird im Kapitalismus die Rockmusik und ihre Entwicklung nachhaltig geprägt. Über die Produktion dieser Ware entscheiden die Marktstrategien der Konzerne. Dabei ist das Geschäft mit der Rockmusik enorm, es reicht über die Herstellung von Schallplatten, Musikkassetten, über Konzertveranstaltungen, Fernseh- und Rundfunkübertragungen, Zeitschriften, Bücher, Noten, bis hin zu Andenken aller Art. Geld wird gleichermaßen mit der Produktion und dem Verkauf von Musikinstrumenten und Verstärkeranlagen, Plattenspielern, Tonband-, Rundfunk- und Fernsehgeräten sowie Videorekordern verdient.

Um ihr Produkt Rockmusik besser verkaufen zu können, nehmen die großen Firmen fortwährend Einfluß auf seine Herstellung. Das bedeutet beispielsweise, daß durch Trends der Markt überschaubar und der Absatz kalkulierbar gestaltet werden soll. Daraus folgt jedoch, daß Gruppen, die nicht diesen Trends folgen, bei der wachsenden Monopolisierung immer weniger Chancen haben. Das bedeutet weiter, daß die Plattenfirmen an jenen Entwicklungen interessiert sind, die dem »Massengeschmack« entsprechen, also breite Käuferschichten anziehen und schmale Käuferschichten abstoßen. Um eine solche Normierung des

Geschmacks zu erreichen, sind ein massives Auftreten in den Medien, Werbung im großen Stil und andere Formen der Manipulierung notwendig, die allerdings wieder so aufwendig werden, daß nur die großen Firmen die Mittel dazu besitzen.
Das bedeutet auch, daß durch die Identität bzw. enge Verflechtung der Schallplattenkonzerne mit Elektronikkonzernen die Technisierung der Musik auf der Seite der Musiker besonders hinsichtlich der Aufnahmeverfahren, auf der Seite der Hörer hinsichtlich der immer besseren Anlagen keineswegs eine Folge von Sachzwängen oder des technischen Fortschritts ist, sondern bewußt gesteuert wird.
Die Musikindustrie als Teil der Unterhaltungsindustrie in den kapitalistischen Ländern stützt sich vornehmlich auf die populäre Musik und dabei vor allem auf den Rock. In den sechziger und besonders den siebziger Jahren erreichte die Rockindustrie Höhepunkte ihrer Entwicklung.
Dieser Prozeß ist nicht frei von Widersprüchen, denn einerseits ist der Rock ursprünglich aus Protest gegen die bestehenden gesellschaftlichen Verhältnisse entstanden, drückt die Rockmusik – wenn auch auf sehr unterschiedlichem Niveau – einen Drang nach Veränderung dieser bestehenden Verhältnisse aus, andererseits wird insbesondere die massenhaft verbreitete Rockmusik nach industriellen Maßstäben einer Großindustrie produziert, die nicht zu Unrecht als eine wichtige Stütze des kapitalistischen Wirtschaftssystems bezeichnet werden kann.
Und die Momente des Protests gegen die bestehende kapitalistische Ordnung, die in der Rockmusik wirksam bleiben, lassen sich als Ausdruck des Lebensgefühls, vor allem Jugendlicher, auffassen, können für den Friedenskampf ebenso aktiviert werden wie für eine Orientierung auf Zukunftslosigkeit oder Mystisches.
Als Beispiel dafür mag an dieser Stelle nochmals einer der bekanntesten Songs der Stones »Satisfaction« stehen. Da wird über die Ersatzbefriedigungen gesungen, die die Gesellschaft anbietet. Daß die Gesellschaft ihnen kein sinnvolles Leben sichern konnte, hatten die Jugendlichen in den kapitalistischen Ländern am eigenen Leib gespürt. Hier wurde ihr Lebensgefühl artikuliert. Ein Ausweg wird aber nicht gezeigt.
Die Produktion der Musik selbst, auch wenn ihr Ziel stets gleich bleibt, die Erzeugung eines möglich hohen Profits, ist in sich ebenfalls durch Widersprüche gekennzeichnet. Dabei vollzog sich in den sechziger Jahren ein Konzentrationsprozeß und eine Zentralisation der Produktion von Rockmusik, die zu weitgehender Monopolisierung führten.
Im Jahr 1973 teilten sich die 10 mächtigsten Konzerne 83,9 % des amerikanischen Marktes; der Umsatz der Musikindustrie betrug 1972 in den USA 7,367 Milliarden Dollar, 80 % der auf Tonträgern konservierten Musik war Rock.
Eine wesentliche Rolle in diesem Produktionsprozeß kommt dabei den Musikern zu, besonders den Stars, die aufgrund ihrer Popularität allein ein »Kapital« darstellen. Je besser sie sich vermarkten lassen – daher je stärker sie in der Unterhaltungsindustrie insgesamt, also beispielsweise auch in Film und Fernsehen oder als Gegenstand der Boulevardpresse auftreten – umso höher ist natürlich ihr Marktwert und das Einkommen, welches sie wiederum aus ihrer Tätigkeit ziehen können.
Da das Bedürfnis und die Möglichkeit der Hörer, Musik zu kaufen, begrenzt ist, steht dies den Interessen der Schallplattenindustrie entgegen. Diese möchte das Bedürfnis, Musik zu hören und zu kaufen, möglichst ausweiten.
Auf der anderen Seite gelingt es nur selten, immer neue Musik zu produzieren, auch wären wahrscheinlich die Hörer nicht in der Lage, sie stets als solche wahrzunehmen, vielleicht gäbe es eine Orientierungslosigkeit und Apathie gegenüber dem Überangebot. Um einer möglichen Desorientierung der Käufer vorzubeugen, schafft die Industrie andere Orientierungspunkte: Entscheidend ist nicht die Musik, entscheidend sind die Stars, die sie machen. Das heißt auch, daß sich die Hörer nicht in erster Linie an der Musik orientieren, sondern beispielsweise die Musik einer bestimmten Gruppe,

The End Of A Beautiful Friendship
The Jealous Rivals
STONES: A
SMELL
Caroline Kenn
Mick Jagger's Rebel Image Is A Gimmick
IF HE had put his mind to it, Mick Jagger could have become a star cricket player in England.
course, if the establishment is wrong, and so am I, naturally. In many ways I agree with Mick."
Eva Jagger
MIDNITE 40¢
RAMBLER
MICK WEDS IN SECRET!
Full details inside
Brian Jones' sex after death saga...
Australian witch says she has child to prove it!
UFO's ARE LANDING IN MY GARDEN SAYS KEITH
BIANCA
EXCLUSIVE
PRESIDENT'S SON JACK
OF MICK JAGGER
THE
BIANCA: JUST LIKE HAVING MICK
Bianca: Why
RICHARD—GUN,
DRUGS
Bianca along.

NG, SWEET
SE'
in a
Bianca de Macias
ney have a daughter.
NG WIFE
TIM
Die
ants
ou from a
olling Stone
BIANCA JAGGER is out for blood in her divorce action against hubby Mick – but she'll settle for $12.5 million, according to her lawyer Marvin Mitchelson
THIS I BELIEVE by Steve Dunleavy
's time
e exorcised
is demonic
fluence
er our
ildren!
Die Schlacht in der
Sick surprise
have taken her on the road with them. She's already seen more of the world in her short life than most
Besides, he'd rather spend his Sunday mornings strolling with his daughter through a quiet park.
LLING STONES AT A NUDE SWIM PARTY
VID DAWSON
for the Stones at the Montsalvat Artists' Colony, Eltham.
Guests included pop musicians, actors, poets, artists and journalists.
Many guests, fortified by an abundant supply of liquor, stripped each other naked and plunged into the pool.
Other guests took poolside seats and called encouragement to the nude swimmers as they kissed and caressed in the glow of soft lights from the house.

eines bestimmten Stars sammeln, also deren Platten oder Kassetten kaufen sollen.
Der Starrummel stellt daher keine Begleiterscheinung der kommerzialisierten Musik dar, sondern er ist vielmehr eines der notwendigen Momente für ihren Verkauf. Stars werden so vielfach Marionetten ihrer Manager oder Produzenten und müssen das Image beibehalten, das sie sich oder das man ihnen gegeben hat.
Dazu gehört auch, daß sie immer mit einer gewissen Aura des Reichtums umgeben sind. Vielleicht stellt dies bei den Fans die Bereitschaft her, die teilweise sehr hohen Preise für Konzerte und Platten zu bezahlen.
In Wirklichkeit sind jedoch nur wenige Stars – die Rolling Stones gehören zu ihnen – echte Großverdiener.
Es ist beispielsweise üblich, daß die Musiker am Umsatz einer Platte eine Beteiligung bis etwa 2,5 Prozent erhalten, jedoch werden meist die Kosten für Studio, Werbung und Vertrieb abgesetzt, und es kann durchaus geschehen, daß der Musiker trotz eines Hits Schulden bei seiner Firma hat.
Die Legende, daß die meisten Musiker ihr Geld bei Orgien, mit Frauen oder durch Drogenkonsum durchbringen, verschweigt die Tatsache, daß für die Mehrzahl die Musik nichts weiter als eine schlecht bezahlte, unsichere und harte Arbeit ist, an der sie sehr wenig verdienen.
Von Anfang an war die Entwicklung der Rolling Stones kommerziell geprägt, war sie an Platte und Filmproduktion gebunden, versuchten sowohl die Mitglieder der Gruppe als auch ihre Manager und die hinter ihnen stehenden Konzerne der Unterhaltungsindustrie, aus der angestrebten Nutzung aller ihnen zur Verfügung stehenden Mittel möglichst viel Geld oder besser Profit herauszuholen. Man baute die Gruppe dabei mit einem völlig anderen Image auf als beispielsweise die Beatles, sollte sie doch gerade auf diese Weise eine andere Zielgruppe als Käufer der Schallplatten erschließen. Sofern sich Rockmusik – wie im Falle der Beatles – in ein sauberes Gewand kleidete, wurde sie sogar für die Mehrzahl der Erwachsenen akzeptabel. Wirkliche oder einfach erfundene Widersprüche zwischen Beatles und Stones wurden in den Medien ausführlich aufgebauscht. Aus der Sicht der Werbestrategen ersetzten die Stones bei den Jugendlichen, die härteren Rock bevorzugten, die Beatles, als sich diese bürgerlichen Klangvorstellungen anzunähern versuchten.
Neue Geschmacksrichtungen mußten propagiert und neue Käuferschichten erschlossen werden. Zielgruppe waren nun nicht mehr junge Arbeiter, sondern alle, die »mit der Zeit gingen«.
Die Arbeiterjugend wandte sich den Rolling Stones mit ihrem härteren und ungeschliffenerem Rock zu.
Die Rolling Stones waren und sind die »bad boys«, die schlechten Jungen der Rockmusik, zugleich jedoch so etwas wie die Verkörperung von Rockmusik.
Und es ist den Musikern gelungen, trotz ihrer offensichtlichen Einbindung in die herrschende Klasse der imperialistischen Gesellschaft, trotz ihrer Villen, Schlösser, Wagenparks usw. für die Anhänger ihrer Musik das Image der Rebellen zu bewahren.
Für diese Tatsache sind einige Faktoren ausschlaggebend: Erstens sind die Rolling Stones stets ihrer eigenen musikalischen Tradition, ihrer Herkunft aus dem Blues bzw. dem Rhythm and Blues treu geblieben. Dabei waren sie in der Lage, aktuelle Trends und Erscheinungen der internationalen Musikentwicklung einzubeziehen. Spätestens seit der 1968 erschienenen Platte »Beggar's Banquet« wird dieser musikalische Differenzierungsprozeß deutlich, der sich mit der Aufnahme solcher Stilrichtungen wie Reggae in das Repertoire der Band fortsetzte.
Das hat vor allem etwas mit den musikalischen Fähigkeiten, die die Musiker in die Gruppe einbrachten, zu tun. Und selbst, wenn es für jeden einzelnen Musiker einen besseren geben würde oder gibt – und dies zeigten die notwendig gewordenen Umbesetzungen – als Gruppe erarbeiteten sich die Rolling Stones etwas musikalisch Eigenes, gestalteten sie ihren unverkennbaren Sound. Die von Keith Richards und Mick Jagger geschaffenen Titel haben daran wesentlichen Anteil.

Alle Musiker der Gruppe wurden durch den weißen englischen Blues geprägt, dessen Zentrum London bildete und dessen Profil sich mit Namen wie Alexis Korner oder John Mayall umschreiben läßt. Diese musikalische Herkunft ging den Musikern so in Fleisch und Blut über, daß für sie eine andere Musik nicht in Frage kam. In diesen Zusammenhang gehört auch die gesamte Show sowie die von Mick Jaggers Stimme getragene Gestaltung der Songs, die entsprechend der Blues-Tradition als weiteres Instrument eingesetzt wird und das Klangbild der Titel bestimmt.

Zweitens sind Verhaltensweisen, die in den sechziger Jahren noch als Provokation empfunden wurden, heute längst Erinnerung, deren provokante Seite durchaus nicht mehr in demselben Maß wirkt. Denken wir beispielsweise nur an die Haarfrisur, an die Plattenhüllen, die nicht den damaligen Vorstellungen entsprachen, an das aggressive Auftreten der Musiker oder die Bühnenshow ... Und die Bezeichnung »härteste Rockband der Welt«, die einst für die Rolling Stones geprägt wurde, ist gewiß für ihre Konzerte anwendungsfähig, trifft aber auf die Plattenproduktionen nur in geringem Umfang zu. Heute sehen wir jedoch in erster Linie die Plattenproduktionen der Gruppe.

Drittens ist es vor allem dem Autorenteam Jagger/Richard(s) immer wieder gelungen, eine musikalisch einfache Grundstruktur der Songs, die häufig durch sich ständig wiederholende Motive gebildet wurde, in Verbindung mit sparsamen Arrangements und einem großen Klangreichtum zu einer kraftvollen, eingängigen Ausstrahlung der Titel zu führen.

So entstanden Lieder, die neben den bekanntesten Werken beispielsweise des Autorengespanns John Lennon/Paul McCartney von den Beatles in der Rockgeschichte unserer Zeit ihren Platz fanden.

Viertens hatten die Rolling Stones für ihr Publikum auch stets das Image, eine politische Gruppe zu sein, mit ihrer Musik nicht nur der sozialen Stellung der jungen Generation Ausdruck zu verleihen, sondern ihrem Lebensgefühl. Die Vieldeutigkeit der Texte der Stones ermöglichte zudem, ihnen eine politische Bedeutung zu geben. Tatsächlich knüpfen die Texte häufig am Alltagsbewußtsein der jungen Menschen an, reflektieren Ausweglosigkeit, Drogenmißbrauch und die Suche nach einem Sinn für das Leben.

Zugleich stehen tiefe Gefühle für einen Partner neben seiner Unterdrückung, werden Frauen zur Ware, zählt vor allem der Sex. Hier werden zahlreiche Widersprüche deutlich.

Vieldeutigkeit und Mißverständliches gibt es gleichermaßen im persönlichen Leben der Musiker. Einerseits wird politisches Engagement vorgeführt, auf der anderen Seite bleibt man bei der Plattenfirma Decca, die die Profite aus den Platten der Gruppe in der Produktion von Radargeräten für US-Air-Force-Bomber anlegt, die Vietnam bombardieren.

Aber vielleicht ist dies gar kein großer Widerspruch, denn die Rolling Stones zeigen damit nur deutlich, in welchen Rahmen sie einzuordnen sind: Als Gruppe stellen sie ein musikalisches Großunternehmen der kapitalistischen Unterhaltungsindustrie dar, das vollständig den dafür geltenden Grundsätzen gehorcht.

Und sie sind auch die hervorragenden Musiker, die in einigen ihrer besten Produktionen Bedeutendes für die Entwicklung der Rockmusik geleistet haben.

Schallplattenhüllen und Poster

Die Rolling Stones

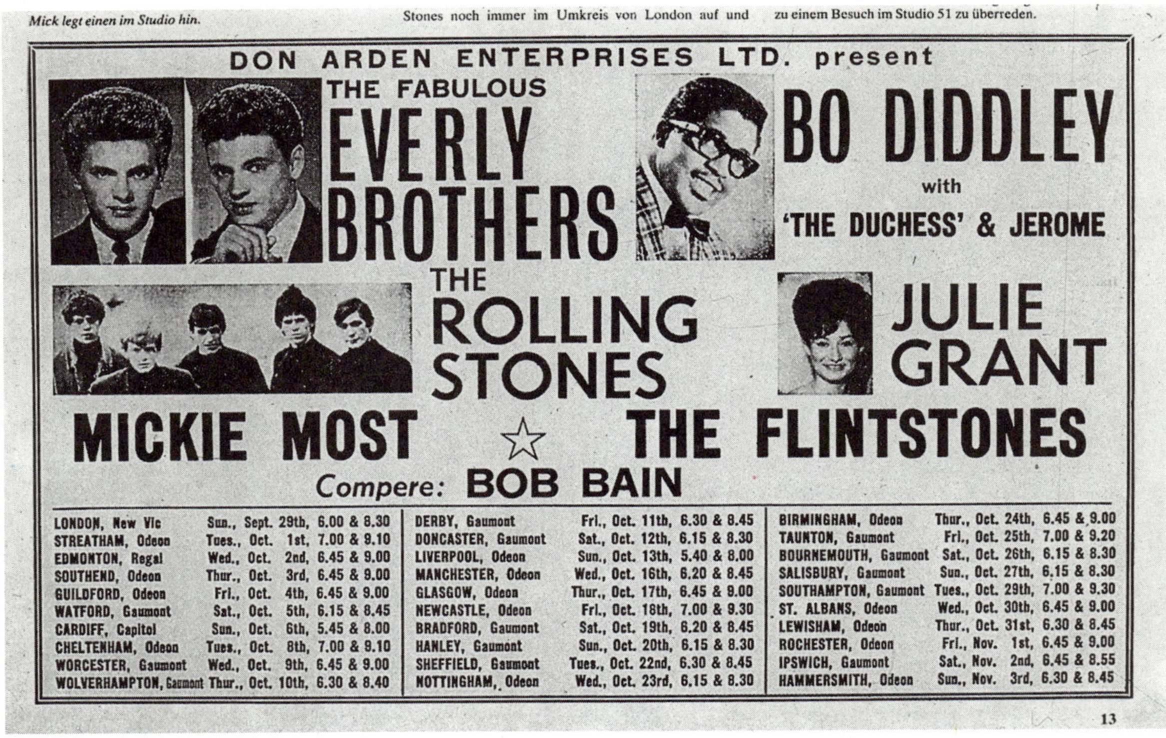

Plakat eines Tourneeprogramms, in dem die Rolling Stones mitwirken (1963)

Plakat des 3. Nationalen Jazz-Festivals in Richmond (1963)

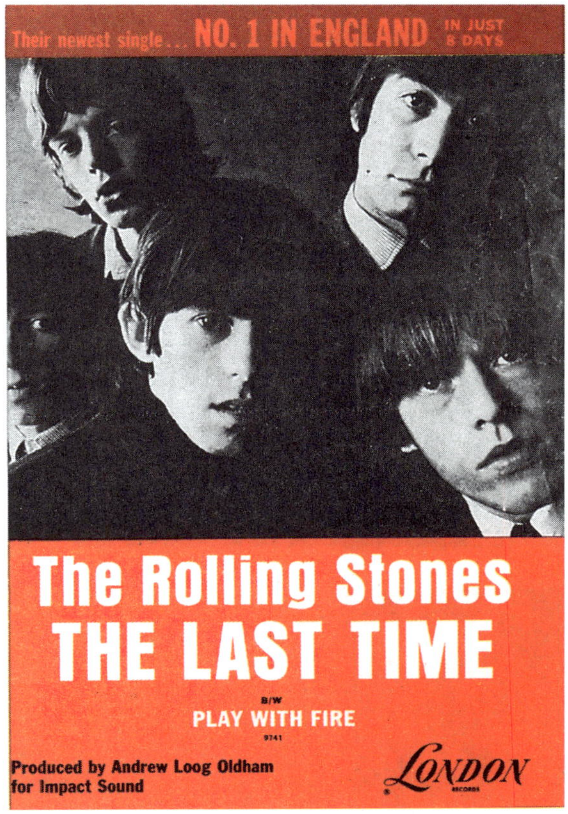

Werbeplakat für den Einsatz der Single THE LAST TIME in den USA (1965)

Plattenhülle der EP FIVE BY FIVE (1964)

Plattenhülle der LP AFTERMATH (1966)

Die Zunge – Markenzeichen der stoneseigenen Plattenfirma Rolling Stones Records (ab 1971)

Plattenhülle der LP BETWEEN THE BUTTONS (1967)

Plattenhülle der LP THEIR SATANIC MAJESTIES REQUEST (1967, Ausschnitt)

Tourneeplakat (1971)

Plattenhülle der LP ITS ONLY ROCK'N'ROLL

Plattenhülle der LP STICKY FINGERS,
spanische Ausgabe (1971)

Plattenhülle der LP MILESTONES (1972)

Plakate der USA-Tournee (1972)

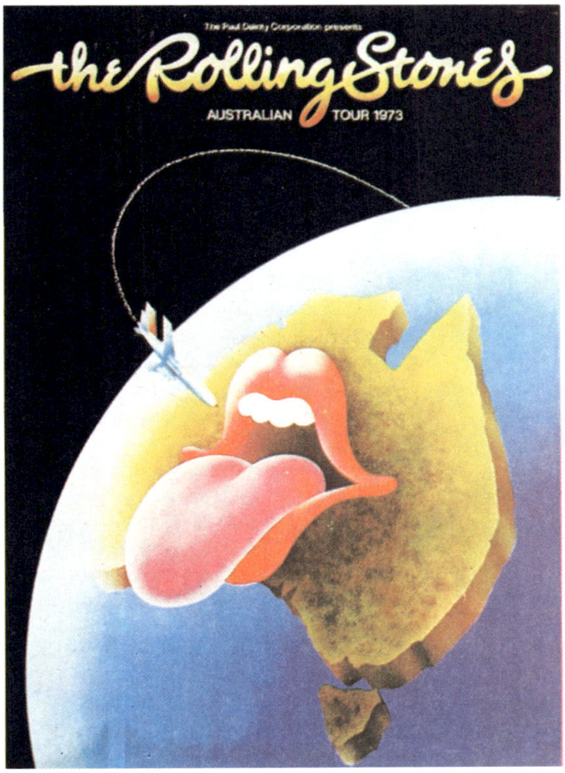

Plattenhülle der LP MONKEY GRIP von Bill Wyman (1974)

Plattenhülle der LP LET IT BLEED (1969)

Tourneeplakat für die Australientournee 1973

Plakat für den Film NED KELLY

Plattenhülle der LP METAMORPHOSIS (1975)

Original-Schallplattenproduktionen der Rolling Stones

Eine wahre Flut von Rolling Stones-Plattenproduktionen (Singles, Langspielplatten, Alben und EP, eine Mischform zwischen Single und LP) ist in den letzten Jahrzehnten herausgegeben worden. Darunter befinden sich Originalausgaben, Lizenzübernahmen und Raubprägungen. Sehr oft wurden von Lizenznehmern vor allem LP in neuen Zusammenstellungen produziert.
In dieser Publikation wird deshalb – und die Tatsache, daß die Stones ihre Originalproduktionen autorisiert haben, erleichtert diese Absicht – eine Aufstellung dieser autorisierten Originalproduktionen gegeben. Ab Mitte der siebziger Jahre sprachen die Stones keine Autorisierungen mehr aus, so daß von diesem Zeitpunkt an nur noch LP aufgenommen wurden. Ab 1981 wurden in Interviews wieder Autorisierungen vorgenommen.
Die in der Literatur unterschiedlich anzutreffenden Jahresangaben für die einzelnen Titel sind darin begründet, daß beispielsweise nicht alle Titel einer LP-Produktion zeitgleich eingespielt wurden, daß es Pressekonferenzen in Form von Schallplattenpremieren gab u. a. m.
Die in nachstehenden Angaben ausgewiesenen Jahreszahlen stellen den Auslieferungstermin der Produktion dar.
Nennenswerte andere Daten im Zusammenhang mit der einen oder anderen Produktion sind im Textteil erwähnt.

Single-Produktionen

Come On / I Wanna Be Loved, 1963 (Decca F 11765)
I Wanna Be Your Man / Stoned, 1963 (Decca F 11764)
Not Fade Away / Little By Little, 1964 (Decca F 11845)
It's All Over Now / Good Times, Bad Times, 1964 (Decca F 11934)
Little Red Rooster / Off The Hook, 1964 (Decca F 12014)
The Last Time, Play With Fire, 1965 (Decca F 12104)
I Can't Get No Satisfaction / The Spider And The Fly, 1965 (Decca F 12220)
Get Off Of My Cloud / The Singer Not The Song, 1965 (Decca F 12263)
19th Nervous Breakdown / As Tears Go By, 1966 (Decca F 12331)
Paint It Black / Long Long While, 1966 (Decca F 12395)
Have You Seen Your Mother, Baby, Standing In The Shadow? / Who's Driving Your Plane, 1966 (Decca F 12497)
Let's Spend The Night Together / Ruby Tuesday, 1967 (Decca F 12546)
We Love You / Dandelion, 1967 (Decca F 12654)
Jumpin' Jack Flash / Child of The Moon, 1968 (Decca F 12782)
Honky Tonk Woman / You Can't Always Get What You Want, 1969 (Decca F 12952)
Brown Sugar / Bitch / Let It Rock, 1971 (Rolling Stones RS 19100)
Tumbling' Dice / Sweet Black Angel, 1972 (Rolling Stones RS 19103)
Sad Day / You Can't Always Get What You Want, 1973
Angie / Silver Train, 1973 (Decca F 13404)
It's Only Rock'n'Roll / Through The Lonely Nights, 1974 (Rolling Stones RS 19114)

I Don't Know Why / Try A Little Harder, 1975 (Decca F 13584)
Out Of Time / Jiving Sister Fanny, 1975 (Decca F 13597)
Honky Tonk Women / Sympathy For The Devil, 1976 (Decca F 13635)
Miss You / Faraway Eyes, 1978 (Rolling Stones Records WEA RS 19108)
Emotional Rescue / Dance, 1980 (Rolling Stones Records WEA RS 19109)
Start Me Up / No Use In Crying, 1981 (Rolling Stones Records WEA RS 19112)

EP

The Rolling Stones (Inhalt: Bye Bye Johnny / Money / Your Better Move On / Poison Ivy), 1964 (Decca 8560)

Five By Five (Inhalt: If You Need Me / Empty Heart / 2120 South Michigan Avenue / Confessin' The Blues / Around And Around), 1964 (Decca DFE 8590)

Got Live If You Want It (Inhalt: We Want The Stones / Everbody Needs Somebody To Love / Pain In My Heart / Route 66 / I'm Moving On / I'm Alright, 1965 (Decca DFE 8620)

LP

The Rolling Stones (Inhalt: Route 66 / I Just Want To Make Love To You / Honest I Do / I Need You Baby [Mona] / Now I've Got A Witness [Like Uncle Phil And Uncle Gene] / Little By Little / I'm A King Bee / Carol / Tell Me [You're Coming Back] / Can I Get A Witness / You Can Make It If You Try / Walking The Dog), 1964 (Decca LK 4605)

The Rolling Stones No.2 (Inhalt: Everbody Needs Somebody To Love / Down Home Girl / Can't You Catch Me / Times Is On My Side / What A Shame / Grown Up Wrong / Down The Road Apiece / Under The Boardwalk / I Can't Be Satisfied / Pain In My Heart / Off The Hook / Suzie Q), 1965 (Decca G 21393)

Out Of Our Heads (Inhalt: She Said Yeah / Mercy Mercy / Hitch Hike / That's How Strong My Love Is / Good Times / Gotta Get Away / Talkin 'Bout You / Cry To Me / Oh, Baby [We Got A Good Thing Going] / Heart Of Stone / The Underassistant West Coast Promotion Man / I'm Free), 1965 (Decca G 21428)

Aftermath (Inhalt: Mother's Little Helper / Stupid Girl / Lady Jane / Under My Thumb / Doncha Bother Me / Goin' Home / Flight 505 / High And Dry / Out Of Time / It's Not Easy / I Am Waiting / Take It Or Leave It / Thing / What To Do), 1966 (Decca G 21396)

Big Hits (Inhalt: Have You Seen Your Mother, Baby, Standing In The Shadow? / Paint It Black / It's All Over Now / The Last Time / Heart Of Stone / Not Fade Away / Come On / Satisfaction / Get Off Of My Cloud / As Tears Go By / 19th Nervous Breakdown / Lady Jane / Time Is On My Side / Little Red Rooster), 1966 (Decca G 22159)

Between The Buttons (Inhalt: Yesterday's Papers / My Obsession / Back Street Girl / Connection / She Smiled Sweetly / Cool, Calm And Collected / All Sold Out / Please Go Home / Who's Been Sleeping Here? / Complicated / Miss Amanda Jones / Something Happened To Me Yesterday), 1967 (Decca G 21339)

Their Satanic Majesties Request (Inhalt: Sing This All Together / Citadel / In Another Land / 2000 Man / Sing This All Together / See What Happens / She's A Rainbow / The Lantern Gomper / 2000 Light Years From Home / On With The Show), 1967 (Decca G 22160)

Beggars Banquet (Inhalt: Sympathy For The Devil / No Expectations / Dear Doctor / Parachute Woman / Jig-Saw Puzzle / Street Fighting Man / Prodigal Son / Stray Cat Blues / Factory Girl / Salt Of The Earth), 1968 (Decca G 22157)

Through The Past Darkly (Inhalt: Jumpin' Jack Flash / Mother's Little Helper / 2000 Light Years From Home / Let's Spend The Night Together / You Better Move On / We Love You / Street Fighting Man / She's A Rainbow / Ruby Tuesday / Dandelion / Sittin' On The Fence / Honky Tonk Women), 1969 (Decca G 22156)

Let It Bleed (Inhalt: Gimme Shelter / Love In Vain / Country Honk / Live With Me / Let It Bleed / Midnight Rambler / You Got The Silver / Monkey Man / You Can't Always Get What You Want), 1969 (Decca G 21417)

Get Yer Ya-Yas Out (Inhalt: Jumpin' Jack Flash / Carol Stray Cat Blues / Love In Vain / Midnight Rambler / Sympathy For The Devil / Live With Me / Little Queenie / Honky Tonk Women / Street Fighting Man), 1970 (Decca G 22158)

Sticky Fingers (Inhalt: Brown Sugar / Sway / Wild Horses / Can't You Hear Me Knocking / You Gotta Move / Bitch / I Got The Blues / Sister Morphine / Dead Flowers / Moonlight Mile), 1971 (Rolling Stones Records WEA COC 59100 – U)

Stone Age (Inhalt: Look What You've Done / It's All Over Now / Confessin' The Blues / One More Try / As Tears Go By / The Spider And The Fly / My Girl / Paint It Black / If You Need Me / The Last Time / Blue Turns To Grey / Around And Around), 1971 (Decca G 21432)

Milestones (Inhalt: Satisfaction / She's A Rainbow / Under My Thumb / I Just Want To Make Love To You / Yesterday's Papers / I Wanna Be Your Man / Time Is On My Side / Get Off Of My Cloud / Not Fade Away / Out Of Time / She Said Yeah / Stray Cat Blues), 1972 (Decca G 21437 AO)

Exile On Main Street (Inhalt: Rocks Off / Rip This Joint / Shake Your Hips / Casino Boogie / Tumbling Dice / Sweet Virginia / Torn And Frayed / Sweet Black Angel / Loving Cup / Happy / Turned On The Run / Ventilator Blues / I Just Want To See His Face / Let It Loose / All Down The Line / Stop Breaking Down / Shine A Light / Soul Surviver), 1972 (Rolling Stones Records WEA COC 69100 – O)

Gimme Shelter (Inhalt: Jumpin' Jack Flash / Love In Vain / Honky Tonk Women / Street Fighting Man / Sympathy For The Devil / Gimme Shelter / Under My Thumb / Time Is On My Side / I've Been Loving You Too Long / Fortune Teller / Lady Jane / Satisfaction), 1972 (Decca SKL 5101)

Rock'n'Rolling Stones (Inhalt: Route 66 / The Under Assistant West Coast Promotion Man / Come On / Talkin' Bout You / Bye Bye Johnny / Down The Road Apiece / I Just Want To Make Love To You / Everbody Needs Somebody To Love / Oh, Baby / 19th Nervous Breakdown / Little Queenie / Carol), 1972 (Decca G 21462 AO)

Goats Head Soup (Inhalt: Dancing With Mr. D. / 100 Years Ago / Coming Down Again / Doo Doo Doo Doo Doo / Angie / Silver Train / Hide Your Love / Winter Can You Hear The Music / Star Star), 1973 (Rolling Stones Records WEA COC 59-101-4)

No Stone Unturned (Inhalt: Poison Ivy / The Singer Not The Song / Surprise Surprise / Child Of The Moon / Stoned / Sad Day / Money / Congratulations / I'm Moving On / 2120 South Michigan Avenue / Long Long While / Who's Driving Your Plane), 1973 (Decca SKL 5173)

It's Only Rock'n'Roll (Inhalt: If You Can't Rock Me / Ain't Too Proud To Beg / It's Only Rock'n'Roll / Till The Next Time We Say Goodbye / Times Waits For No One / Luxury / Dance Little Sister / If You Really Want To Be My Friend / Short And Curlies / Fingerprint File), 1974 (Rolling Stones Records WEA COC 59-103-U)

Made In The Shade (Inhalt: Brown Sugar / Tumbling Dice / Happy / Dance Little Sister / Wild Horses / Angie / Bitch / It's Only Rock'n'Roll / Doo Doo Doo Doo Doo / Rip This Joint), 1975 (Rolling Stones Records WEA COC 59-104-Z)

Metamorphosis (Inhalt: Out Of Time / Don't Lie To Me / Some Things Just Stick In Your Mind / Each And Everday Of The Year / Heart Of Stone / I'd Much Rather Be With The Boys / Sleepy City / We're Wasting Time / Try A Little Harder / I Don't Know Why / If You Let Me / Jiving Sister Fanny / Downtown Suzie / Family / Memo From Turner / I'm Going Down), 1975 (Decca SKL 5212)

Rolled Gold – The Very Best Of The Rolling Stones (Inhalt: Come On / I Wanna Be Your Man / Not Fade Away / Carol / It's All Over Now / Little Red Rooster / Time Is On My Side / The Last Time / Satisfaction / Get Off Of My Cloud / 19th Nervous Breakdown / As Tears Go By / Under My Thumb / Lady Jane / Out Of Time / Paint It Black / Have You Seen Your Mother, Baby, Standing In The Shadow? / Let's Spend The Night Together / Ruby Tuesday / Yesterday's Papers / We Love You / She's A Rainbow / Jumpin' Jack Flash / Honky Tonk Women / Sympathy For The Devil / Street Fighting Man / Midnight Rambler / Gimme Shelter), 1975 (Decca G 28356 DP)

Black And Blue (Inhalt: Hot Stuff / Hand Of Fate / Cherry Oh Baby / Memory Motel / Hey, Negrita / Melody / Fool To Cry / Crazy Mama), 1976 (Rolling Stones Records WEA COC 59-106-Z)

Love You Live (Inhalt: Intro / Honky Tonk Women / If You Can't Rock Me / Get Off Of My Cloud / Happy / Hot Stuff / Star Star / Tumbling Dice / Fingerprint File / You Gotta Move / You Can't Always Get What You Want / Mannish Boy / Crackin' Up / Little Red Rooster / Around And Around / It's Only Rock'n'Roll / Brown Sugar / Jumpin' Jack Flash / Sympathy For The Devil), 1977 (Rolling Stones Records COC 62-118-Z)

Some Girls (Inhalt: Miss You / When The Whip Comes Down / Just My Imagination / Some Girls / Lies / Faraway Eyes / Respectable / Before They Make Me Run : Beast Of Burden / Shattered), 1978 (Rolling Stones Records COC 62-119-Z)

Emotional Rescue (Inhalt: Dance / Summer Romance / Send It To Me / Let Me Go / Indian Girl / Where The Boys Go / Down In The Hole / Emotional Rescue / She's So Cold / All About You), 1980 (Rolling Stones Records COC 62-120-Z)

Sucking In The Seventies (Inhalt: Shattered / Everything Is Turning To Gold / Hot Stuff / Time Waits For No One / Fool To Cry / Mannish Boy / When The Whip Comes Down / If I Was A Dancer / Crazy Mama / Beast Of Burden), 1981 (Rolling Stones Records COC 62-121-Z)

Tattoo You (Inhalt: Start Me Up / Hang Fire / Slave / Little T & A / Black Limosine / Neighbours / Worried About You / Tops / Heaven / No Use In Crying / Waiting On A Friend), 1981 (Rolling Stones Records COC 62-122-Z)

Still Life (Inhalt: Under My Thumb / Let's Spend The Night Together / Shattered / 20 Flight Rock / Going To A Go Go / Let Me Go / Just My Imagination / Time Is On My Side / Start Me Up / Satisfaction), 1982 (Rolling Stones Records COC 62-123-Z)

Sonderproduktionen

Poison Ivy / Fortune Teller, 1963 (Decca F 11742)
Beide Titel wurden zwar als Single produziert, aber in dieser Form nicht ausgeliefert. Eine Veröffentlichung erfolgte einige Zeit später auf einem Album, das aber von den Stones nicht autorisiert wurde. Autorisiert erschien Poison Ivy auf der ersten EP.

Hot Rocks, 1964 (N.N.) (Inhalt: Stewed And Keefed (Brian's Blues) / High Heel Sneakers / How Many More Times / Looking Tired / Down In The Bottom)
Bei dieser, ohne Firmennamen vertriebenen Platte handelt es sich um eine Raubpressung, die bei Produktionen der Rolling Stones in den Chess Studios Chicago illegal mitgeschnitten wurde. Sie wird unter Sammlern gehandelt.

Rolling Stones, Now!, 1965
Diese LP brachte eine Zusammenstellung von Titeln zeitgleicher LP und wurde von den Stones nicht autorisiert.

The EDWARD, 1972 (Rolling Stones COC 39100)
(Inhalt: The Boudoir Stompe / It Hurts Me Too / Edwards Thrump Up / Blow With Ry / Interlude A La El Hopo / The Loveliest Night Of The Year / Highland Fling)
Diese Plattenparodie wurde zu $ 3.98 angeboten, jedoch vom Schallplattenhandel meist als Werbeexemplar verschenkt. Die Platte erschien verbunden mit einem Brief von Mick Jagger, in dem er bei den Hörern um Verzeihung wegen des »Geklimpers« bat.

Monkey Grip, Solo-LP von Bill Wyman, 1974 (Rolling Stones Records COC 62-174-Z)

Carly Simon – You're So Vain, 1972 (Elektra K 12077)
Auf dieser Platte singt Mick Jagger.

Bobbie Miller – Everywhere I Go, 1966 (Decca F 12354)
Auf dieser Platte musizieren Ian Stewart, Keith Richard und Bill Wyman.

The Promotional Album, 1969 (Decca RSM 1)
(Inhalt: Route 66 / Walking The Dog / Around And Around / Everybody Needs Somebody To Love / Off The Hook / Suzie Q / I'm Free / She Said Yeah / Under My Thumb / Stupid Girl / 2000 Man / Sympathy For The Devil / Prodigal Son / Love In Vain)
Unverkäufliches Promotionalbum für Rundfunkstationen in einer Auflage von 200 Exemplaren.

Ronnie Wood – I've Got My Own Album To Do, 1974 (Warner Brothers K 56065)
Auf der Platte agieren verschiedene Stones in einzelnen Titeln.

Ronnie Wood – Now Look, 1975 (Warner Brothers K 56145)
Keith Richard und Mick Taylor wirken mit.

Charlie Watts and His Fabulous Rolling Stones – 1975 Tour Of The Americas, 1975 (Limited Edition LA Forum 4367)
(Inhalt: Gimme Shelter / Ain't Too Proud To Beg / Midnight Rambler / Doo Doo Doo Doo Doo / Fingerprint File / Sympathy For The Devil)

(Stand: 31.12.1984)

Kompositionen von Rolling Stones

1. Worte und Musik: Nanker Phelge (Pseudonym für die Gruppe)

Stoned
Don't Lie To Me
The Under Assistant West Coast Promotion Man
Play With Fire
We Want The Stones

2. Worte und Musik: verschiedene Stones-Mitglieder

As Tears Go By (Mick Jagger, Keith Richard, Andrew Oldham) – In der Frühzeit zunächst unter dem Titel As Time Goes By bekannt
Black Limosine (Mick Jagger, Keith Richard, Ronnie Wood)
Dance (Mick Jagger, Keith Richard, Ronnie Wood)
I'd Much Rather Be With The Boys (Andrew Oldham, Keith Richard)
I'm All Right (Mick Jagger, Keith Richard, Brian Jones, Bill Wyman, Charlie Watts)
I'm Going Down (Mick Jagger, Keith Richard, Mick Taylor)
In Another Land (Bill Wyman)
No Use in Crying (Mick Jagger, Keith Richard, Ronnie Wood)
Sister Morphine (Mick Jagger, Keith Richard, Marianne Faithfull)
Stop Breaking Down (Traditionel, Adaption und Arrangement: Mick Jagger, Keith Richard, Mick Taylor, Charlie Watts, Bill Wyman)
Ventilator Blues (Mick Jagger, Keith Richard, Mick Taylor)

3. Worte und Musik: Mick Jagger und Keith Richard(s)

All About You
All Down The Line
All Sold Out
Angie

Back Street Girl
Beast of Burdon
Before They Make Me Run
Bitch
Blue Turns To Grey
Brown Sugar

Can't You Hear Me Knocking
Can You Hear The Music
Casino Boogie
Child Of The Moon
Citadel
Come On
Coming Down Again
Complicated
Congratulations
Cool, Calm And Collected
Connection
Country Honk
Crazy Mama

Dance Little Sister
Dancing With Mr. D.
Dandelion
Dead Flowers
Dear Doctor
Doncha Bother Me
Doo Doo Doo Doo Doo (Heartbreaker)
Down In The Hole

Each And Every Day Of The Year
Emotional Rescue
Everything Is Turning To Gold

Factory Girl
Faraway Eyes
Fingerprint File
Flight
Fool To Cry

Get Off My Cloud
Gimme Shelter
Goin' Home
Gomper
Good Times, Bad Times
Gotta Get Away
Grown Up Wrong

Hand Of Fate
Hang Fire
Happy
Have You Seen Your Mother, Baby, Standing In The Shadow
Heart Of Stone
Heaven
Hey Negrita
Hide Your Love
High and Dry
Honky Tonk Women
Hot Stuff
100 Years Ago

I Am Waiting
If I' Was A Dancer
If You Can't Rock Me
If You Let Me
If You Really Want To Be My Friend
I Got The Blues
I'm Free
Indian Girl
It's Not Easy
It's Only Rock'n'Roll

Jigsaw Puzzle
Jiving Sister Fanny
Jumpin' Jack Flash
Just Want To See Hig Face

Lady Jane
Let It Bleed
Let It Loose
Let Me Go
Let's Spend The Night Together
Lies
Little T & A
Live With Me
Long Long While
Loving Cup
Luxury

Melody
Memo To Turner
Memory Motel
Midnight Rambler
Miss Amanda Jones
Miss You
Monkey Man
Moonlight Mile
Mother's Little Helper
My Obsession

Neighbours
19th Nervous Breakdown
No Expectations
Not Fade Away

Off The Hook
Oh Baby
One More Try
Out Of Time

Paint It Black
Parachute Woman
Please Go Home
Prodigal Son

Respectable
Ride On Baby
Rip This Joint
Rocks Off
Ruby Tuesday

Sad Say
Satisfaction (I Can't Get No)
Send It To Me
Shattered
She's A Rainbow
She's Go Cold
She Smiled Sweetly
Shine A Light
Short And Curlies
Silver Train
Sing This All Together
Sittin' On A Fence
Slave
Sleepy City (Walkin' Thru The)
Some Girls
Something Happened To Me Yesterday
Some Things Just Stick In Your Mind
Soul Survivor
Star Star
Start Me Up
Stray Cat
Street Fighting Man
Stupid Girl
Summer Romance
Surprise, Surprise
Sway
Sweet Black Angel
Sweet Virginia
Sympathy For The Devil

Take It Or Leave It
Tell Me
The Lantern
The Last Time
The Salt Of The Earth
The Singer Not The Song
The Spider And The Fly
Thing
Till The Next Time We Say Goodbye
Times Waits For No-One
Tops
Torn And Frayed
Tumbling Dice
Turned On The Run
Try A Little Harder
2000 Light Years From Home
2000 Man

Under My Thumb

Waiting On A Friend
Wasting Time
We Love You
What A Shame
What To Do
When The Wip Comes Down
Where The Boys Go
Who's Been Sleeping Here?
Who's Driving Your Plane
Wild Horses
Winter
Worried About You

Yesterday's Papers
You Can't Always Get What You Want
You Got The Silver

(Stand 31.12.1984)

Alphabetisches Verzeichnis der im Buch enthaltenen Texte

Angie / Angie 65
As Tears Go By / Wenn die Tränen fließen 36
Brown Sugar / Brauner Zucker 60
Dead Flowers / Tote Blumen 61
Doo Doo Doo Doo Doo (Heartbreaker) / Du Du Du Du Du (Herzbrecher) 64
Fingerprint File / Fingerabdruckalbum 66
Gett Off Of My Cloud / Runter von meiner Wolke 40
Good Times, Bad Times / Gute Zeiten, schlechte Zeiten 25
Have You See'n Your Mother, Baby, Standing In The Shadow / Hast du deine Mutter, Baby, im Schatten stehn gesehn? 70
Heart Of Stone / Herz aus Stein 31
Honky Tonk Women / Kneipen-Frauen 73
I'm Free / Ich bin frei 31
Jumpin' Jack Flash / Jumpin' Jack Flash 81
Lady Jane / Lady Jane 39
Let It Bleed / Laß es bluten 49
Let's Spend The Night Together / Laß uns die Nacht zusammen sein 55
Littly By Little / Nach und Nach 23
Melody / Melody 71
Midnight Rambler / Mitternachtsschwärmer 50
Mothers Little Helper / Mutters kleiner Helfer 38
Paint It Black / Mal es schwarz 37
Ruby Tuesday / Ruby Tuesday 56
Satisfaction / Befriedigung 29
She's A Rainbow / Sie ist ein Regenbogen 44
Street Fighthing Man / Straßenkämpfer 47
Sympathy For The Devil / Sympathie für den Teufel 46
The Last Time / Das letzte Mal 30
The Spider And The Fly / Die Spinne und die Fliege 62
2000 Light Years From Home / 2000 Lichtjahre weg von zuhause 45
We Love You / Wir lieben euch 70
Yesterday's Papers / Zeitungen von gestern 42
You Can't Always Get What You Want / Du bekommst nicht immer, was du willst 80

Sachworterklärungen

Agent: (franz.) ein im Auftrag eines anderen Handelnder; im Showgeschäft häufig der von Künstlern beauftragte Vertreter zur Lösung bestimmter Aufgaben wie Organisation von Veranstaltungen oder des Vertriebs von Schallplatten usw. Teilweise wird der Begriff auch für Vermittler von künstlerischen Leistungen gebraucht.
Die Beziehungen zwischen dem Künstler, seinem Agenten und/oder einem Manager sind in der Praxis sehr unterschiedlich.

Arrangement: (franz. Anordnung) in allen Genres der Unterhaltungsmusik die Einrichtung der jeweiligen Komposition auf die entsprechende Besetzung der Interpreten. Mit der Entwicklung der Aufnahmetechnik verbunden gewinnt beim Arrangieren der Einsatz der technischen Hilfsmittel des Studios in zunehmendem Maß an Gewicht. Das Arrangieren hat gleichermaßen große Bedeutung für die Herstellung des für eine Gruppe charakteristischen Sounds.

B-Seite: Auf einer Langspielplatte die Rückseite der A-Seite, auf der in der Regel die Titelmelodie der Gesamtplatte enthalten ist; bei Singleplatten sind auf der B-Seite die schwächeren Füller.

Beatmusik: (engl. Schlag) Bezeichnung für die Anfangsphase der Entwicklung der Rock- oder Popmusik (etwa 1959 bis 1965), vor allem für jene Musizierpraxis innerhalb der Tanzmusik, in der der Beat, worunter das rhythmische Gestaltungsmittel der auf die Grundschläge des Vierviertel-Taktes betonungsverlagerten Melodieakzente verstanden wird. Häufig wird der Begriff unter weitgehendem Bezug zur Musik der Beatles gebraucht, die für die Entwicklung der Beatmusik die größte Bedeutung hatten und sie am nachhaltigsten bestimmten.

Bestseller: (engl.) meistverkauftes Buch; übertragbar auf besondere Spitzenreiter in der Musik.

Blues: (engl. to be blue, traurig sein) eine vom volkstümlichen afroamerikanischen Lied der USA ausgehende Form der Jazzmusik. Etwa seit dem 19. Jahrhundert herausgebildet, entwickelte sich der Blues über verschiedene Etappen wie Country- bzw. Folk-Blues, klassischer Blues bis hin zu zeitgenössischen Formen wie Rhythm and Blues sowie Big City Blues.
Im Bluesablauf spiegelt sich das seiner Traditionslinie entsprechende Ruf-Antwort-Prinzip wider.
Mit der sogenannten Bluesformel wird die sich ständig wiederholende Harmoniefolge bezeichnet.
Aufgrund seiner Entstehung ist der Blues in seinen Texten unsentimental, volkstümlich und mehr oder weniger realistisch; oftmals werden Rassendiskriminierung, soziale Fragen und zwischenmenschliche Beziehungen angesprochen.

Boulevardpresse: (franz. Straße) vor allem im freien Verkauf an Kiosken und auf Straßen abgesetzte Presseerzeugnisse, die betont Sensationscharakter haben und häufig reaktionärste Auffassungen vertreten sowie mehr oder weniger niedrige Instinkte ansprechen. Durch Gewaltdarstellung und den deutlichen Versuch, die Leser zu manipulieren, sind die Druckerzeugnisse gekennzeichnet. Wegen der bunten Palette der in ihnen angesprochenen Themen wird für ähnliche Erzeugnisse häufig auch der Begriff Regenbogenpresse gebraucht.

Charts: (engl. Tabellen) von Zeitungen und Zeitschriften, aber auch von Rundfunk- oder Fernsehsendern zusammengestellte Listen der Bestseller oder Hits des jeweiligen Untersuchungszeitraumes (meist wöchentlich). Charts werden für Langspielplatten und Singles geführt, es gibt unterschiedliche Auswahlsysteme in den verschiedenen Ländern.

Comeback: (engl. Rückkehr) in der Unterhaltungsszene gebräuchliche Bezeichnung, wenn Künstler nach längerer Zeit an einen früheren Erfolg anknüpfen.

Country: (engl. Land) Bezeichnung für die europäisch-amerikanische Volksmusik, insbesondere aus ländlichen Gebieten des Südens und mittleren Westens der USA. Durch ihre Kommerzialisierung hat die Musik eine ausgeprägte Neigung zum Schlagerhaften, ist melodisch, rhythmisch und harmonisch einfach und in ihren Texten ohne das Ansprechen von Problemen, ohne stärkeren Bezug zur Realität.

Decca Records: englischer Schallplattenkonzern, 1929 gegründet

Eklat: (franz./germ.) aufsehenerregendes Ereignis, skandalöser Auftritt.

EMI (Electrical and Musical Industries): englischer Schallplattenkonzern, 1931 gegründet.

Etikette: (franz.) Förmlichkeit, erstarrte Umgangsformen

EP: In den sechziger Jahren übliche Zwischenform zwischen Single- und Langspielplatte; in der Regel 6–8 Titel.

Fan: (engl./lat. Fanatiker) ein möglicherweise unduldsamer Verfechter seiner Überzeugung hinsichtlich bestimmter Gruppen oder Interpreten bzw. bestimmter Musikrichtungen. Gelegentlich führt die Anhängerschaft an eine bestimmte Gruppe zur Ablehnung aller anderen Musizierrichtungen. Im kapitalistischen Unterhaltungsgeschäft richten sich die Interessen der Vertriebsfirmen und Werbemaßnahmen auf die Fans, da sie potentielle Käufer darstellen. Die Institutionalisierung von Fanklubs, die teilweise überregional und in mehreren Ländern existieren sowie deren Unterstützung ist ein Teil der Werbemaßnahmen.

Flower-Power-Bewegung: (engl. von Macht der Blumen abgeleitet) Bezeichnung für jene Bewegung von Hippies, die ab Mitte der sechziger Jahre besonders in den USA durch ihr unbürgerliches Verhalten, durch Kleidung und Frisur ihre Abkehr von der kapitalistischen Wohlstandsgesellschaft zeigen wollten. Sie setzten sich für Gewaltlosigkeit und Frieden ein, drangen jedoch nicht zur Erkenntnis gesellschaftlicher Gesetzmäßigkeiten vor. Ihre politischen Erkenntnisse blieben so beschränkt. In der Praxis wurde aus der Suche nach einer heilen Welt eine religiös-mystische Lebenshaltung, Drogenkonsum und eine Flucht vor den Realitäten des Lebens.

Folklore: (engl.) Volksüberlieferungen, vor allem Lieder, Tänze, Sagen, Märchen, Bräuche; im Sprachgebrauch der Unterhaltungsmusik oftmals für Kompositionen aus dem afro-amerikanischen Raum.

Heroin: (griech./lat.) Diazetylmorphin, aus Morphin gewonnenes weißes, bitter schmeckendes Pulver; eines der stärksten Rauschgifte.

Hit: (engl. Schlag) Bezeichnung für einen besonderen Treffer im Unterhaltungsmusikbereich.

Hitlisten: (engl. Schlag) siehe Charts

Hippies: (am. Blumenkinder) siehe Flower-Power-Bewegung

Idol: (griech. Bild) ursprünglich Abgott; im Unterhaltungsbereich soviel wie besonderes Vorbild.

Image: (engl. Vorstellung, Bild) in der kapitalistischen Unterhaltungsindustrie verwendete Bezeichnung für die Vorstellung, die über einen Künstler existiert. Dabei geht es häufig nicht um seine tatsächliche Persönlichkeit, sondern um die Vorstellung, die bei der potentiellen Zielgruppe dieses Künstlers aufrecht erhalten werden soll. Dem dienen entsprechende Werbemaßnahmen ebenso wie Festlegungen zum Auftreten, zur Bekleidung, Frisur usw.

Jazz: (am.) Ende des 19. Jahrhunderts aus der Begegnung verschiedener Musikkulturen entstandene Musizierweise zunächst der afroamerikanischen Bevölkerung der Südstaaten der USA. Jazz wird in verschiedenen stilistischen Formen heute weltweit gespielt. Wichtigste Stilformen der Entwicklung des Jazz sind der New-Orleans-Jazz bzw. klassische Jazz, der Swing und der Modern-Jazz. Allen Entwicklungsetappen sind die folgenden Merkmale gemeinsam: die Jazz-Intonation als persönliche Ausdrucksweise des Musikers, die Improvisation, daher das Erfinden von Melodien aus dem Augenblick heraus, die rhythmische Spannung, die aus dem ordnenden Perkussionsrhythmus entsteht sowie die Verwendung von Gestaltungsmitteln des Blues.

Killer-Look: (engl. Zerstörer- Aussehen) siehe Rocker

Kokain: (indian.) Hauptalkaloid des Kokastrauches, bildet farblose, bitter schmeckende Prismen. Kleinere Dosen dieses Rauschmittels bewirken eine Aufheiterung und Steigerung der allgemeinen Leistungsfähigkeit. Die Einnahme von Kokain führt zur Sucht, deren Symptome Stimmungsschwankungen, geistiger und körperlicher Verfall sind.

Kolumnist: (lat. Säule) Bezeichnung für einen Autor bzw. Journalisten, der Artikel an einem festen Platz einer Zeitschrift veröffentlicht, beispielsweise Leitartikel. Vornehmlich in den USA beinhalten die Kolumnen Informationen über das Leben von Künstlern, Politikern usw. Durch ihre Popularität stellen die bedeutendsten Kolumnisten eine publizistische Macht dar, deren Urteile über den Kunstwert einer Produktion großen Einfluß auf deren Aneignung haben kann.

Langspielplatte (LP): Internationaler Begriff für die Mehrtitel-Platte; im Unterhaltungsbereich in der Regel 8–14 Titel.

Leadgitarrist: (engl. führen) Melodiegitarrist bzw. der Gitarrist, der melodieführend spielt.

Leadsänger: (engl. führen) führender Sänger, der in der Regel allein die Melodiestimme übernimmt, während andere Mitglieder der Band die Hintergrundstimmen singen.

Live-Sendung: (engl. lebendig, original) Aufnahme von Konzerten, deren Übertragung zur Sendung in Rundfunk oder Fernsehen direkt erfolgt. Üblich ist auch die Anfertigung von Aufzeichnungen über Live-Auftritte für Filme, Videos bzw. eine spätere Sendung oder Schallplattenproduktion.
Im Gegensatz zur Studioproduktion ist es möglich, bei der Live-Sendung oder -Aufzeichnung die Wirkung des Konzertes auf das Publikum, die Atmosphäre, das Auftreten der Musiker usw. unmittelbar darzustellen. Aus technischen Gründen steht die Tonqualität von Live-Sendungen häufig hinter der von Studio-Aufnahmen zurück, was jedoch aufgrund der genannten Vorzüge in Kauf genommen wird.

LSD (Lysergsäurediäthylamid): Psychogift; im kapitalistischen Weltsystem weitverbreitetes Rauschgift, in hohen Dosierungen tödlich.

Manager: (ital./lat. Hand) im Unterhaltungsmusikbereich Organisator und kaufmännischer sowie vertraglicher Vertreter von Solisten und Gruppen.

Marihuana: (span.) ein aus dem Harz des indischen Hanfs gewonnenes Rauschgift; der Begriff wird oft synonym mit Haschisch gebraucht. Die Wirkung von Marihuana ist vor allem psychisch, weniger körperlich, daher gilt es als Droge für den Einstieg in härtere Rauschgifte.

New Romantic: (engl. neue Romantik) Bezeichnung für eine Stilistik der Rockmusik, die in den siebziger Jahren in Verbindung mit dem New Wave entstand und vornehmlich Rückgriffe auf romantische Spielweisen, wie sie beispielsweise in Titeln der Beatles vorhanden waren, darstellt.

New Wave: (engl. neue Welle) Bezeichnung für alle durch den Punk-Rock ausgelösten stilistischen Entwicklungen Ende der siebziger Jahre. Dazu gehören neben den Rückgriffen auf die Musizierweise der sechziger Jahre wie den Merseybeat der Beatles experimentelle Formen der Synthesizertechnik sowie jene Musizierweisen, die durch Vereinigung von Rock- und Reggae-Rhythmus, einfache Strukturen der Lieder und melodischen Abläufe gekennzeichnet sind.
Im gewissen Sinn bringt die Bezeichnung auch die Rückbesinnung auf einen Neuanfang zum Ausdruck, der Mitte der siebziger Jahre stattfand und auf einen stärkeren Kontakt zur ursprünglichen Basis der Rockmusik, weg von hochperfektionierten Supergruppen und einem intellektualistischen Kunstanspruch gerichtet war.

Oldie: (engl. alt) ein Lied oder Musikstück, das immer wieder gespielt wird, teilweise in neuen, zeitgemäßen Arrangements.

Orgie: (lat./griech.) zügelloses Festgelage, aus dem Altertum als religiöse Feier bekannt; heute umgangssprachlich als dekadentes Gelage zu verstehen.

Pentatonik: (griech. Fünftönigkeit) in der Musiktheorie fünfstufiges, halbtonloses Tonsystem; eine uralte Tonordnung.

Perkussion: (lat.) beim Harmonium Anschlagen des Hämmerchens an die Metallzunge; in Verbindung mit Rhythmus soviel wie schlagend.

Perversion: (lat.) Anormalität im Geschlechtsempfinden.

Plagiat: (franz./lat. Seelendiebstahl) im allgemeinen Sinn für die Aneignung einer fremden künstlerischen Leistung im kulturellen Bereich gebraucht. Im urheberrechtlichen Sinne eine Rechtsverletzung, bei der sich ein anderer als Urheber eines bestimmten Werkes ausgibt.

Polyrhythmik: (griech.) Neben- und Gegeneinander verschiedener Rhythmen.

Pop, Popmusik: (engl. populär, volkstümlich) als Bezeichnung nicht einheitlich verwendet, hauptsächlich jedoch 1. für Musikstücke, die Elemente des Schlagers und der Rockmusik enthalten oder 2. als Oberbegriff für Schlager und Rockmusik.

Produzent: (lat. Erzeuger, Hervorbringer) in der Unterhaltungsindustrie Bezeichnung für jene Persönlichkeit, die im Interesse des jeweiligen Auftraggebers (Schallplattenkonzern, Filmgesellschaft usw.) die Schaffung der konkret geplanten Werke kontrolliert und befördert, das Zusammenwirken der notwendigen Künstler und technischen Voraussetzungen sichert. Im engeren Sinne wird der Begriff häufig auch für den technischen oder künstlerischen Leiter einer Produktion, beispielsweise einer Schallplatte, gebraucht. Teilweise ist der schöpferische Anteil solcher Produzenten sehr hoch, da sie zugleich als Arrangeur und Studioleiter auftreten oder an der Komposition der Werke mitwirken. Einige Produzenten stellen so gleichzeitig ein Markenzeichen für künstlerische Qualität dar.

Pseudonym: (griech. falsch, unecht) angenommener Name, unter dem vor allem künstlerische Leistungen veröffentlicht werden.

Publicity: (engl. Reklame, Werbung) im weitesten Sinn gebrauchte Bezeichnung für alle direkten oder indirekten Werbemaßnahmen.

Public relation: (engl. Öffentlichkeitsbeziehungen, Öffentlichkeitsarbeit) Bezeichnung für die von Werbeagenturen und anderen stabsmäßig geführten Werbemaßnahmen.

Punk Rock: (engl. Müll) eine Stilistik des Rock'n'Roll, die durch einfachen formalen, harmonischen und rhythmischen Aufbau gekennzeichnet ist und Mitte der siebziger Jahre zunächst von nichtkommerziellen Bands in England gespielt wurde. Weitere Kennzeichen des Punk bildeten dabei das rüde Auftreten der Musiker, ihre anstößige Kleidung, eine stark ausgeprägte Protesthaltung gegenüber einer Gesellschaft, die der Jugend nur Arbeitslosigkeit und keinen Lebenssinn geben konnte.
Mit der Vermarktung des Punk durch die Schallplattenkonzerne änderte sich auch der soziale Inhalt der Songs, die äußeren Kennzeichen waren nun nicht mehr Ausdruck einer Haltung, sondern Markenzeichen für den kommerziellen Einsatz der Musik.

Raubpressungen: widerrechtlich hergestellte und vertriebene Schallplatten und Musikkassetten. Dabei werden teilweise ungesetzlich aufgenommene Mitschnitte von öffentlichen Auftritten vervielfältigt, teilweise bereits erschienene Platten oder nicht veröffentlichte Studioaufnahmen. Kennzeichnend für die Raubpressungen ist neben der Tatsache, daß an die Urheber und Interpreten der Werke sowie an deren Produzenten keine Vergütung gezahlt wird – daraus resultiert der erhöhte Gewinn des Raubpressers –, daß in der Regel nicht die originalen Schallplattenhüllen Verwendung finden, sondern einfachere Gestaltungen und daß die Tonqualität häufig hinter der der Originalplatte zurückbleibt. Trotz internationaler Vereinbarungen gegen die Herstellung und den Vertrieb von Raubpressungen geht den westlichen Schallplattenkonzernen nach Schätzungen jährlich über eine Milliarde Dollar an Einnahmen durch Raubpressungen verloren.

Regenbogenpresse: siehe Boulevardpresse

Reggae: musikalische Stilistik, deren Ursprung in Liedern und Tänzen Jamaikas (Westindien) liegt. Durch polyrhythmische Strukturen, die stark betonte Baßlinie und die Verwendung von aus Petroleumfässern hergestellten Steeldrums sowie die sozialkritischen und religiösen Texte gekennzeichnet, stellte der ursprüngliche Reggae eine Verbindung von Elementen des Rhythm and Blues mit afrikanischer Rhythmik und der Folklore der Karibischen Inseln dar. Seit Mitte der sechziger Jahre durch elektronische Musikinstrumente erweitert, wurde Reggae kommerzialisiert und von zahlreichen Musikern und Gruppen aufgegriffen und verwendet.

Rhythm and Blues: (engl. Rhythmus und Blues) in den Städten der Südstaaten der USA entstandene, relativ selbständige Spielweise des Blues, bei der das melodisch-harmonische Geschehen des Blues vereinfacht und mit einem swingenden Rhythmus verbunden wird. Als Tanzmusik wurde der Rhythm and Blues Ende der dreißiger Jahre vorwiegend von farbigen Musikern gespielt. Mitte der fünfziger Jahre entwickelte sich aus dem Rhythm and Blues der Rock'n'Roll.

Rock, Rockmusik: (engl. schaukeln, wiegen) Bezeichnung für alle nach dem Rock'n'Roll entstandenen Spielarten der Popmusik mit gleichen oder davon ausgehenden musikalischen Merkmalen. Dazu gehören vor allem neben Formen des Rock'n'Roll selbst die Beatmusik und der New Wave. Zu den verschiedenen Formen des Rock'n'Roll zählen beispielsweise Hard-, Folk-, Jazz-, Metal-Rock.

Rocker: (engl. umgangssprachlich Fans der Rockmusik) in der Rockmusik-Szene besonders radikale Fans, die sich äußerlich gern mit dem sogenannten Killer-Look (Lederbekleidung mit vielen Behängen) zeigen.

Rock'n'Roll, Rock and Roll: (engl. schaukeln und rollen) 1. ein ab Anfang der fünfziger Jahre in den USA aufgekommener Modetanz mit gleichförmiger Melodie sowie häufiger Wiederholung eines Themas. Die tänzerischen Figuren sind durch artistische Schüttel- und Rüttelbewegung gekennzeichnet. 2. als Musizierrichtung, die Anfang der fünfziger Jahre im Ergebnis sozialer und musikalischer Kontakte zwischen Weißen und Schwarzen entstand, ist der Rock and Roll eine kommerzielle Abart des Rhythm and Blues. Aufgrund der sozialen Situation in den USA der ausgehenden vierziger Jahre war der Rhythm and Blues, vereinigt mit Elementen der Countrymusik, eher in der Lage, Gefühle und Haltungen der Jugendlichen zum Ausdruck zu bringen, als der Schlager.
Im Rock and Roll verschmolzen die musikalischen Gefühlswerte der Farbigen, die Stimmeigenschaft, das Rhythmusgefühl und die Betonung der Grundschläge mit Bestandteilen der weißen Musik wie Liedstrophen und europäischen folkloristischen Elementen.

Session, eigentlich Jam-Session: (engl. umgangssprachlich Zusammenkunft, um zu musizieren) gemeinsames Musizieren von Musikern verschiedener Bands, bei dem solistisch oder kollektiv improvisiert wird. Meist kann jeder Musiker einsteigen und mitspielen. In den letzten Jahren werden Sessions auch als Teile, oft als Höhepunkte von Konzerten veranstaltet, dann tragen sie kommerziellen Charakter.

Show: (engl. Schau) Unterhaltungsveranstaltung mit Musik, Gesang, Tanz und weiteren Gestaltungselementen. Für die Rockmusik ist charakteristisch geworden, daß die Show durch Lichteinsatz mit Lichteffekten, durch die Bekleidung und Bewegung der Musiker sowie durch Bühnendekorationen geprägt wird. In letzter Zeit kommen dabei auch Laserlichtanlagen sowie Videoprojektionen zum Einsatz. Manchmal verselbständigen sich die Showelemente gegenüber der Musik und führen so dazu, daß der Schauwert der Veranstaltung den musikalischen Wert übertrifft.

Single: (engl. allein, einsam) internationaler Begriff für die Kleinschallplatte; im Unterhaltungsmusikbereich in der Regel 2 oder 4 Titel.

Sitar: (pers. Dreisaiter) Langhalslaute persischen Ursprungs, mit einem Korpus aus Holz oder Kürbis, einem flachen Hals. Üblich sind drei, vier oder sieben Metallsaiten sowie dreizehn bis zwanzig mitschwingende Resonanzsaiten. Heute ist die Sitar das bekannteste indische Musikinstrument. Ihr Anschlag erfolgt meist mit einem Plektrum.

Skiffle: geselliges Musizieren auf zumeist einfachen, gelegentlich selbstgebauten Instrumenten (Waschbrett, Kamm mit Papier usw.). Ende der fünfziger Jahre gab es in England eine große Verbreitung der Skifflemusik, die die Entwicklung der Rockmusik vorbereitete. Viele Gruppen gingen später zur Rockmusik über, andere zum Dixiland.

Sound: (engl. Ton oder Klang) die für eine Band oder ein Orchester typische Klangfarbe, die durch das Arrangement sowie die Produktion im Tonstudio erzeugt wird. Da der Sound einer Gruppe zugleich zu einem Markenzeichen wird, kommt ihm für den Verkauf der Ware Musik in der kapitalistischen Unterhaltungsindustrie große Bedeutung zu.

Sponsor: (engl. Förderer) Geldgeber, in der kapitalistischen Unterhaltungsindustrie oder im Sport übliche Möglichkeit für Privatpersonen oder Unternehmen, durch finanzielle Unterstützung von Künstlern (Sportlern) oder Veranstaltungen deren Erfolg zu ermöglichen, gleichzeitig diesen zu Werbezwecken zu nutzen.

Star: (engl. Stern) Bezeichnung für einen sehr hohen Grad an Popularität bei einem Künstler. Aus Werbegründen wird der Begriff jedoch häufig angewandt, ohne daß er bereits zutrifft.

Studio: (ital. Arbeitszimmer) Bezeichnung für die Musik-Aufnahmeräume bei Schallplatte, Rundfunk und Fernsehen.

Superstar: (lat./engl. über/Stern) siehe Star.

Abkürzungen:
am. = amerikanisch
engl. = englisch
franz. = französisch
germ. = germanisch
griech. = griechisch
indian. = indianisch
ital. = italienisch
lat. = lateinisch
pers. = persisch
span. = spanisch

Personenverzeichnis

Acker Bilk's Paramount Jazz Band 20
Adorf, Mario 98
Alex Welsh Band 20
Alexis Korners Blues Incorporated 16, 17
Arnold, Shirley 93

Balitzki, Jürgen 100
Barbarinas, The 94
Barber, Chris 12, 16, 20
Barclay, M. 20
Bart, Lionell 95
Beach Boys, The 94, 96
Beatles, The 12, 18, 20, 22, 36, 49, 87, 96, 106
Beck, Jeff 86
Belafonte, Harry 11
Billy J. Kramer And The Dakotas 94
Binzar, Rollin 95
Boomtown Rats 11
Booth, Stanley 100
Bradford, Geoff 16
Brando, Marlon 22
Brierley, Ben 92
Burns, Tito 34, 43

Callaghan, Jim 78
Cardinale, Claudia 96
Chagall, Marc 79
Chapman, Tony 16, 17
Clapton, Eric 11, 59
Collins, Phil 11
Cooder, Ry 62

Davis, Angela 62
Diddley, Bo 12
Driberg, Tom 35
Dunbar, John 92
Dupree, Gus 13
Dylan, Bob 11, 82

Easton, Eric 18, 22, 62, 101
Ellington, Duke 22

Faces, The 67
Faithfull, Marianne 35, 92, 96, 101
Fraser, Robert 43

Gabberts, Mike 42
Gaye, Marvon 94
Geldorf, Bob 11
Genevieve 94
Godard, Jean Luc 94, 100
Gomelsky, Giorgio 18

Haley, Bill 12, 54
Hall, Jerry 79, 84, 93
Hangkok, Herbie 86
Hansen, Pattie 84
Herzog, Werner 96
Hinckley, David 11
Holly, Buddy 12
Hopkins, Nicky 62
Howard, Jo 82
Humphrey Rittelton Band 20
Hunt, Marsha 92
Hunter, Meredith 7, 57, 58, 59, 95

Jagger, Bianca 74, 92, 93
Jagger, Joseph 12
Jagger, Mick 7, 10f., 16f., 22f., 26f., 34f., 39, 41f., 48f., 51, 57f., 62f., 72, 74f., 78f., 82, 84, 86f., 90, 92f., 98f., 106f.
John Mayal's Blues Breakers 54
Jones, Brian 14, 16, 18, 22, 27, 42f., 49, 51, 54, 56, 62, 67, 82, 91f., 99
Joplin, Norman 18, 101

Keylock, Tom 42
Kinsky, Klaus 96
Klein, Allen 34, 36, 43, 59, 62, 68
Korner, Alexis 17, 100, 107

Lafolette, David 75
Lawson, Janet 54
Lennon, John 20, 35f., 48, 107
Lieberson, Sanford 95
Little Boy Blue And The Blue Boys 13
Little Boy Blue And The Cockroaches 79
Lundstrom, Astrid 82

Malo, Ron 24
Mayall, John 54, 107
Maysles, Albert 95
Maysles, David 95
McCartney, Paul 11, 20, 22, 43, 100, 107
McLagen, Ian 78
Menuhin, Jehudi 13
Morena de Macias, Bianca 93
Moore, Scoth 13
Moorey, Aldermann Albert 27
Müller, Jimmy 44

O'Brien, Edna 94
Ocean, Bill 11
Oldham, Andrew Loog 18f., 22f., 27, 35f., 43, 62, 86, 94, 101

Pallenberg, Anita 74, 79, 91f., 94f.
Perkinson, Dale 100
Pink Floyd 94
Porter, Cole 22
Presley, Elvis 12

Richard(s), Keith 12f., 16, 18, 22f., 26, 28, 34f., 39, 41f., 48f., 54, 60, 62f., 72, 74f., 78f., 82, 84f., 90, 92f., 99, 106f.
Richardson, Tony 95
Ritchie, Lionell 11
Robards, Jason 98
Rocket 88 82
Rolg, Nicolas 95

Sachs, Albert 54
Schlöndorf, Volker 94
Schmidt-Joos, Siegfried 100
Scowcroft, Wallace 101
Shirley, Anne 92
Sommerville, Angus 54
Soutts, Eva 12
Stewart, Ian 16, 18, 78, 82, 101

Taylor, Dick 13, 16, 17
Taylor, Mick 17, 54, 67, 79, 82, 92, 100
Thorogood, Frank 54
Trudeau, Margaret 75
Turner, Tina 11

Wassermann, Paul 78
Waters, Muddy 17
Watts, Charlie 16f., 22, 26, 54, 62, 75, 78f., 82, 85, 92, 94
Whitehead, Peter 94
Who, The 11
Willis, Dave 36
Wohlin, Anna 54
Wonder, Stevie 11
Wood, Ronnie 18, 67, 74f., 78, 82
Wyman, Bill 17f., 22, 27, 54, 62, 75, 78f., 82, 85, 90, 93f., 99

Zwerin, Charlotte 95

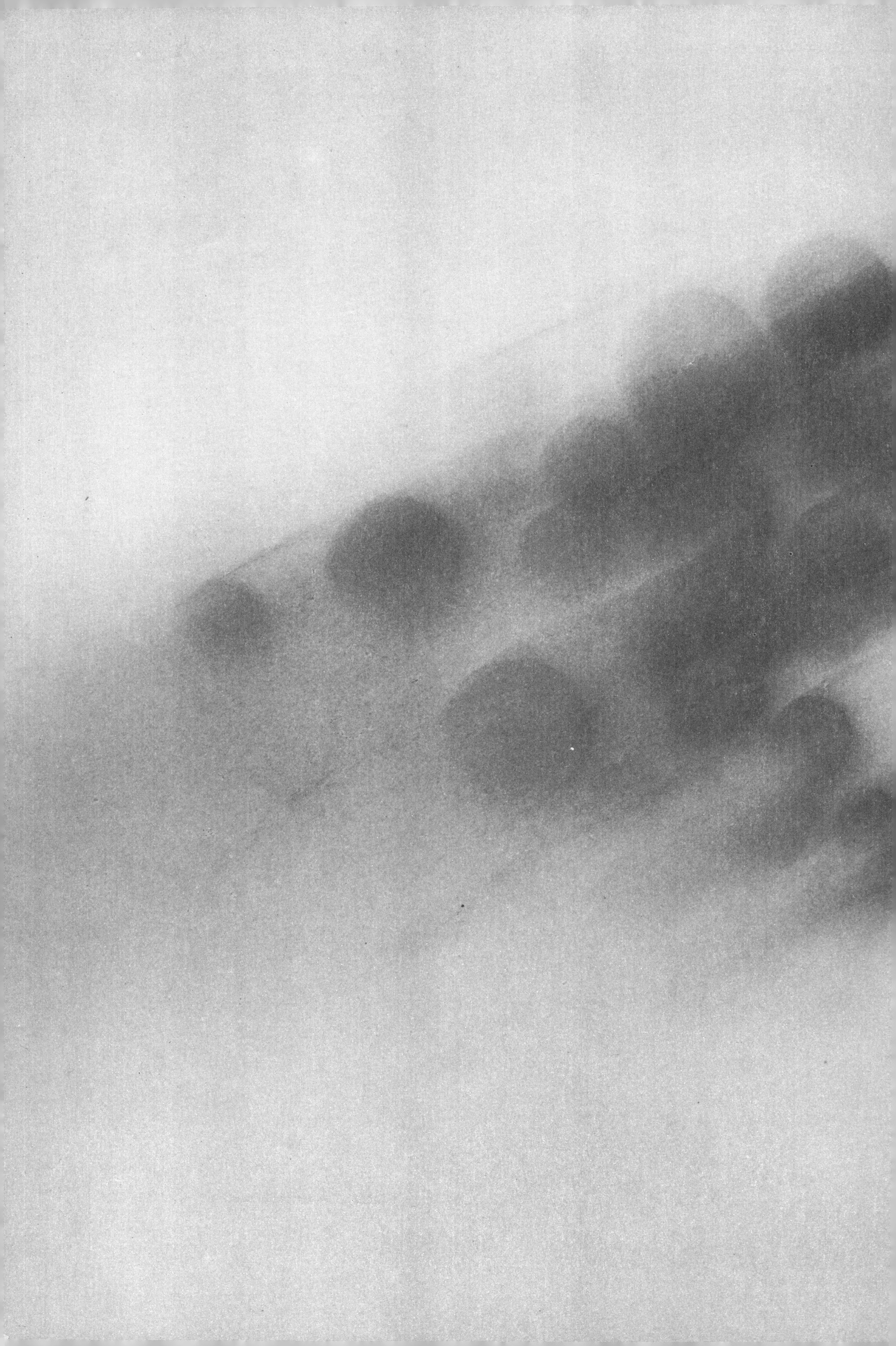